이재명의
굽은 팔

이재명의 굽은 팔: 정본 리커버 에디션

1판 1쇄 발행 2017. 2. 3.
1판 6쇄 발행 2024. 7. 12.
2판 1쇄 인쇄 2025. 5. 9.
2판 1쇄 발행 2025. 5. 16.

지은이 이재명·서해성

발행인 박강휘
발행처 김영사
등록 1979년 5월 17일(제406-2003-036호)
주소 경기도 파주시 문발로 197(문발동) 우편번호 10881
전화 마케팅부 031)955-3100, 편집부 031)955-3200 | 팩스 031)955-3111

값은 뒤표지에 있습니다.
ISBN 979-11-7332-218-1 03340

홈페이지 www.gimmyoung.com   블로그 blog.naver.com/gybook
인스타그램 instagram.com/gimmyoung   이메일 bestbook@gimmyoung.com

좋은 독자가 좋은 책을 만듭니다.
김영사는 독자 여러분의 의견에 항상 귀 기울이고 있습니다.

• 이 책은 《이재명의 굽은 팔》(2017년 刊)의 리커버 에디션입니다.

이재명의 굽은 팔

이재명 말하고
서해성 쓰다

김영사

등불과 나방

○　　　내가 책을 내기로 한 것은 나 이재명을 말하기 위해서다. 우선은 스스로에게 이재명을 설명하고자 함이고, 내가 누구인지, 어떻게 살아왔는지, 무엇을 꿈꾸었는지, 때론 어떤 좌절이 나를 굴종하게 하고, 다시 어느 것에 의지해서 일어섰는지 여러 독자들과 함께 나누기 위해서다.

미리 말하지만 나는 특별한 삶의 경로가 없었다. 내게는 달리 하늘에서 내린 혜택이 없었고, 특별히 공부를 아주 잘하지도 못했으며, 권력이 있거나 돈 많은 친구를 두어서 난데없이 출세할 기회도 주어지지 않았다. 솔직히 그럴 조건이 있었다 해도 그 길을 가지는 않았을 게다.

나는 결코 비범한 사람이 아니었다. 다만 어렸을 적부터, 특히나

철이 든 뒤로는 상식에 어긋난 일과 맞닥뜨렸을 때 분한 마음이 이는 것을 그저 숨기고 살지만은 않았다. 또 가난한 삶과 마주하면 자주 몰래 눈물이 흘렀다. 굳이 말하자면 타인에 대한 공감능력은 조금 갖고 있다고나 할까. 그렇다고 보통 사람을 넘어선다고 단정하기는 어렵다. 그 능력은 달리 스승이 있어서가 아니라 삶이 내게 가르쳐준 것들이었다. 나는 그것에 충실했다. 돌이키건대 내 삶이야말로 나의 빈틈없는 스승이었다.

책을 내기로 한 뒤, 뜻과 시간을 내준 동료들과 두 해를 함께 보냈다. 글머리에서 그들에게 뻔한 감사인사 따위 건네고자 하는 게 아니다. 나는 책상 앞에 무릎을 꿇고 배우는 학생의 심정으로 열정을 품고 공부했고, 때로 격렬하게 토론했고, 어느 날엔가는 여러 일이 겹쳐서 문득 졸기도 했다. 공부시간에 조는 건 어른이 되어서도 완전히 피하지 못했음을 꾸밈없이 고백한다. 피곤을 이기고 다시 새 공부를 향해 기꺼이 전진할 수 있었던 건 내 근성도 한몫했지만 그보다는 내가 하고 싶은 일들에 대해 제대로 깨우치고 싶었기 때문이다. 나는 하고 싶은 일들이 있었다. 이 책은 그에 관한 이야기다.

한 가지 나를 성장시킨 스승에 대해 더 말해두어야겠다. 내 삶과 더불어서 내 꿈 또한 나의 스승이었다. 나는 그 꿈을 미래에 이루기보다는 현재로, 오늘로 가져오고자 했다. 대개 사람들은 미래로 가서 산다고 믿지만 나는 그걸 그다지 신뢰하지 못하는 편이다. 미래란 오늘 다음에 오는 게 아니라 오늘일 때만 비로소 그것이 지난날 꿈꾸던 미래라는 걸 나는 삶으로 깨우쳐 알고 있다. 그래서 나는 현실의 때가 묻지 않아서 거룩한 꿈보다는 손에 잡히는 싱싱한 미래, 곧 현재를 사랑해왔다.

청년시절 나는 한 생각에 골몰한 적이 있다. 널리 알려진 〈등불과 나방〉 이야기다. 필리핀 근현대사 영웅인 호세 리살José Rizal과 에밀리오 아기날도Emilio Aguinaldo도 비슷한 생각을 했다는 글을 읽은 적이 있다.

호세 리살은 소싯적 할머니에게 등불을 향해 달려드는 나방 이야기를 들으면서, 불빛은 아름다운 것이고 나방의 비행이 영예로운 일이라고 생각했다. 청년이 된 리살은 식민지 종주국 에스파냐 마드리드에서 의학을 공부하며 소설 《나에게 손대지 마라Noli Me Tangere》를 써서 큰 반향을 일으켰다. 이로 인해 에스파냐에서 추방당한 리살은 필리핀으로 귀환해야 했고, 귀국 후 독립운동 지도자가 되었다. 이후 그는 에스파냐 총독부에 체포되어 마닐라에서 공개 총살당했다. 비록 낮(아침 7시)이었지만 총살당하는 순간 그는 등불 가장 가까이에 다가갔다. 그 뒤 숱한 필리핀 사람들은 그의 이름과 그의 영혼과 그의 삶을 등불로 삼아 독립을 향해 나아갔다. 리살은 35살에 죽었고, 훗날 필리핀 화폐인물이 되었다.

《나에게 손대지 마라》를 읽고 독립운동에 투신한 에밀리오 아기날도는 총독부 직원으로 일하며 무장독립운동 단체 카티푸난에서 활동했다. 이윽고 무장봉기를 했다가 홍콩으로 망명한 뒤 미국의 도움으로 귀국하여 필리핀 국기와 노래를 만들었고, 아시아 첫 공화정 국가 필리핀공화국 혁명정부 초대 대통령이 되었다. 그는 에스파냐와 싸웠고 곧 미국에 맞서다 항복했다. 낙향한 그는 대통령을 시켜준다는 말을 믿고 일본을 위해 선전방송을 하였고, 그 죄로 종전과 함께 투옥되었다가 풀려나 95세로 천수를 누렸다. 그 역시 필리핀 화폐인물이 되었다. 호세 리살과 달리 어릴 적 아기날도는 나방에게 불빛은 위험한 것이고, 〈등불과 나방〉 우화는 무모하게 불빛을 향해 날아드는 나방들에게 경고하는 것이라고 여겼다.

같은 우화를 두 사람은 서로 다르게 받아들였고 서로 같고도 다른 삶을 살았다. 한 사람은 우화 그대로 등불을 향해 달려들어서 청춘으로 죽어 민중과 역사의 등불이 되었다. 한 사람은 거듭 성공하거나 실패했고 어쨌든 현실에서 살아남아 장수하였다. 둘 다 화폐인물이 되었다. 누가 더 옳은 삶, 또 쓸 만한 삶을 살았는가. 나이가 조금 들어서 생각해보건대 단언하기는 쉽지 않다. 필리핀에서 한 사람은 독립의 씨앗으로, 한 사람은 독립의 아버지로 평가받고 대접받는다.

등불로 달려드는 나방을 무모하다고 여길 수도 있지만 등불을 향해 기꺼이 그 길을 가는 경로와 그 삶이, 청춘시절 나에게는 훨씬 더 매혹적으로 다가왔다. 할 수만 있다면 나는 곧장 등불로 날아가고 싶었다. 그 등불의 이름이 정의, 민주, 양심, 인권이라는 걸 의심치 않았다. 차츰 나이가 들면서, 호세 리살의 뜨거운 심장과 아시아 최초로 공화국을 수립한 에밀리오 아기날도의 현실감각을 어느 정도 절충한 나를 발견하곤 했다. 그래도 여전히 가슴을 뛰게 하는 건 호세 리살이다. 호세 리살을 읽는다.

마지막 인사

잘 있거라 내 사랑하는 조국이여
태양이 감싸주는 동방의 진주여
잃어버린 에덴이여
나의 슬프고 눈물진 이 생명을
너를 위해 바치리니
이제 내 생명이 더 밝아지고 새로워지리니
나의 생명 마지막 순간까지
너 위해 즐겁게 바치리

형제들이여, 그대는 한 올의 괴로움도
망설임도 없이 자유를 위한 투쟁에서
아낌없이 생명을 바쳤구나
월계수 백화꽃 덮인 전나무관이거나
교수대거나 황량한 들판인들
조국과 고향을 위해 생명을 던졌다면

그게 무슨 상관이랴(……)

내 영원히 사랑하고 그리운 나라

필리핀이여

나의 마지막 작별의 말을 들어다오

그대들 모두 두고 나 이제 형장으로 가노라

내 부모, 사랑하던 이들이여

저기 노예도 수탈도 억압도

사형과 처형도 없는 곳

누구도 나의 믿음과 사랑을 사멸할 수 없는 곳

하늘나라로 나는 가노라(……)

(번역 민용태)

　호세 리살은 식민지 지배자인 에스파냐의 말로 시를 썼다. 처형 직전에 쓴지라 제목마저 없는 걸 나중에야 붙였다. 리살이 내 가슴을 두드린 까닭은 그가 셰익스피어나 괴테나 베르톨트 브레히트여서가 아니라, 어쩌면 운명이 닮은 아시아의 시인이자 독립운동가, 혁명가, 정치인이었기 때문일 게다.

　나는 그의 시에서 조국과 이름 없는 대중을 향한 한없는 사랑과 함께 죽음을 앞둔 자의 슬픈 두려움을 읽어내면서 울었다. 나의 눈물이 이 땅의 꽃 한 송이를 기를 수 있다면!

나는 늘 지금 이 일이 '마지막 인사'라는 각오로 임해왔다. 그래야 미련이 없을 것이고, 두려움 또한 없을 것이다. 아니, 그게 사실이다. 거기서 비로소 사욕이 사라질 수 있었다. 나는 스스로 만들어냈을지도 모르는 거짓에 속지 않기 위해서 〈마지막 인사〉를 속삭이곤 했다. 그것이야말로 결코 마지막이 아니라 진짜 처음이라는 걸 잘 알고 있었기에.

책에 나오는 토론은 최태욱, 이해영, 김상조, 백일, 김연철, 김영훈, 김유선, 조은, 배다리와 순차적으로 했다. 공부는 대개 열 명 남짓과 함께했고, 장소는 성남에 있는 밥집이거나 서울 북촌 카페에서 이루어졌다.

인생담은 서해성과 대화를 통해서 정리했다. 그는 담화와 토론의 시작과 끝을 함께했다. 나는 그와 몇몇 사람들에게 토론을 통한 공부를 하자고 요청했고, 공부는 실로 유익했다. 이 책은 그 두 해 동안의 말과 논리와 인생을 모아서 편집한 것이다.

이제 내 말과 내 삶의 씨앗을 세상에 뿌린다.
나의 꿈이 이 땅에 꽃밭을 기를 수 있기를!

2017년 2월
이재명

Ⅰ 나의 소년시대

1 나의 산악시대

2 나의 공장시대

3 나의 대학시대

Ⅱ 공부모임 '해와 달'

발제와 토론 그리고 인간학

Ⅲ 이 세상에서 꼭
한 가지만 해야 한다면

I

나의 소년시대

1980

소년 노동자 시절 집 앞에서 사진을 찍었다.
부모와 일곱 형제가 공장에 다니거나 청소를 하거나
배달원으로 일하며 모은 돈으로 산 집이다.

이재명의 굽은 팔

01

나의
산악시대

출생기

○　　나는 경북 영양군 청기면, 봉화군 재산면, 안동군 예안면, 3개 군이 만나는 접경지대 청량산 자락 꼭짓점에서 태어났다. 내 운명이 그러하였다. 청량산 자락 예안 도촌리 지통마(마을)가 태를 묻은 곳이다.

아버지와 어머니는 자식 아홉(5남 4녀)을 낳았는데, 장성한 건 사내 다섯과 누이 둘이었다. 나는 일곱 번째로 태어났는데 누나 둘이 일찍 떠나는 바람에 살아남기로는 다섯 번째였다. 아래로 여동생과 남동생, 둘이 있었는데 여동생이 2014년 또 세상을 떴다. 나는 살아남았다. 나는 구각형 꼭짓점 어딘가에 내 삶의 경로가 있었을 것이라고 절로 믿어야 했다. 내 운명이 그러하였다. 지형으로 삼각형 꼭지와 핏줄로 구각형 꼭지에서 나는 태어났다.

도촌리는 산에서 밭을 일구는 사람들이 모여 사는 깊은 산촌이었다. 언젠가 산을 타고 내려온 공비를 사살했다는 말도 들은 적이 있다. 산비탈에서 이따금 한국전쟁 때 흘린 탄피를 줍곤 했다. 병원에 가거나 하려면 대개 산을 걸어 넘어 영양으로 갔다. 장은 봉화로 보러 다녔다. 행정구역은 안동이었다.

어릴 때 귓병이 심하게 나서 아버지 손을 잡고 병원에 갔는데, 산을 넘고도 한참 걸어가 개머리라는 동네에서 버스를 타고 영양까지 갔다. 아침에 출발했는데 점심이 다 되어 도착했다. 예안 면소까지 가는 버스는 하루에 한 번 들어왔다. 도촌리 지통마까지는 버스가 들어오지 않았다. 삼계 위에 있는 신남삼거리에 나가야 버스를 탈 수 있었다. 삼계에 있는 학교 근처 아이들은 도촌리를 피막골이라고 놀렸다. 산골에서 왔다는 뜻이었다. 피를 길러 먹었대서 나온 말이다. 시골에서도 깔보는 동네였으니 달리 내력을 말할 게 별로 없다. 신작로는커녕 늘 산속 오솔길을 걸어 다닌 것이 지금도 생생하게 기억난다.

우리 집안은 할아버지 때부터 도촌리에서 살았다. 할아버지에게 형제 두 분이 있었는데 큰할아버지가 후손이 없어서 동생이 얻은 외아들을 양자로 데려갔다. 큰할아버지는 인품도 좋고 살림도 궁하지 않은 편이었다. 그 외아들이 내 아버지다. 큰할아버지에 관한 기억은 없다. 큰할머니가 날 업어 키우다가 돌아가셨다는데, 그 또한 기억이 가물거린다. 친할아버지는 함께 살았다. 성미가 불같은 분이었다. 본

부인인 할머니를 내쫓고 들인 새 부인이 있었는데, 그분은 더욱 무서웠다. 아버지는 두 아버지 사이에서 골고루 사랑을 받았다기보다는 도리어 갈피를 못 잡고 옹색한 관계를 유지해온 편이었다. 친할아버지는 내가 안동을 떠난 뒤 세상을 떴고, 아버지 누이들인 고모 둘은 어렵게 살다 다들 돌아가셨다.

아버지는 일반 하사관으로 공군을 제대한 뒤 어머니와 혼인하고 뒤늦게 야간학교와 청구대학을 다니다 그만두었다. 태백에서 탄광 관리자 노릇도 하고 잠시 교사도 했다. 그 때문에 큰형님과 큰누님은 태백에서 태어났다.

안동으로 돌아온 아버지는 산에서 돌을 골라내 밭을 일구었다. 내남없이 손을 보태야 하는 일이었다. 한 철이 지나면 밭가에 돌무지 담이 하나씩 솟아올랐다. 지금도 도촌리 지통마에 그 돌담들이 남아 있다. 다들 조, 피, 수수를 심을 때 아버지는 천궁, 박하 등 약초를 재배했다. 요즘 같으면 신농업을 한 셈이었는데 경제적으로는 별반 도움이 안 되어 집은 늘 빈궁했다. 아버지는 집안일보다 동네일을 많이 하는 편이었다. 사람들 호적신고를 대신 해주거나 이름을 지어주는 게 아버지의 주업이었다고 해도 좋을 게다. 선출직은 아니었지만 아버지는 찾아서 마을 일을 자임한 동장이었다. 그 무렵 이장을 동장이라고 불렀다. 나는 집안을 돌보지 않는 아버지의 그런 모습을 싫어하면서도 어쩌면 영향을 받았을 것이라는 생각을 이따금 하곤 한다. 똑같은 상황이면 아버지는 남을 우선하는 사람이었다. 먹을 것이 생기면 제 자식보다 먼저 남의 자식을 챙겼다. 성남으로 온 뒤에도 그건 바뀌지 않았다. 경주 이씨인 아버지 이름은 공경할 '경敬' 자에 빛날 '희熙' 자인 이경희다.

능성 구씨인 어머니 고향은 산 넘어 영양 청기면이었다. 다섯 형제 (2남 3녀) 중 막내로 태어난 어머니는 서모 밑에서 성장하면서 설움을 많이 받았다고 지금도 회억하곤 한다. 청기 처녀는 신랑 얼굴도 못 보고 혼인하였다. 그때는 하등 이상한 일이 아니었다.

우리 집은 꽃 피고 새 우는 산골이라기보다는 소개집이었다. 꽃과 새가 없었다는 게 아니다. 산에다 불을 놓아 밭을 만들거나 깊은 산골에서 농사를 짓는 사람들을 내쫓은(소개疏開) 뒤 강제로 정착시킨 슬레이트 지붕 벽돌집이 우리 집이었다. '브록구'라고 부른, 구멍이 숭숭 뚫린 시멘트 벽돌 바람벽이 전부였다. 겨우내 집은 추웠다. 창문에 허옇게 서리가 앉는 새벽이면 얼어 죽지 않기 위해 꼭 불을 피워야 했다. 자고 나면 물그릇의 물이 얼어 가운데가 불룩하게 솟아 있고, 유리창에는 얼음이 얼어 알 수 없는 기하학적 산수화가 그려져 있었다.

믿지 않을 사람도 있겠지만 나는 그 시절 늘 배가 고팠다. 내가 식물 이름을 줄줄 꿰는 건 그 때문이다. 먹을 수 있는 풀과 꽃과 나무를 나는 일찍부터 알고 있었다. 봄이면 참꽃, 찔레, 시금치라고 부르던 신질경이가 돋는 골짜기로 내 발길이 나를 이끌었다. 더덕, 짠대가 나오는 철도 마찬가지였다. '참' 자가 붙은 것만 먹은 것도 아니었다. 학교 오가는 길가에 개복숭아 나무가 몇 그루 있었는데, 익을 때까지 기다리면 남아나질 않았다. 서로 먼저 따 먹으려고 하다 보니 씨가 여물지 않은 거라도 먼저 차지해야 했다. 쓰고 신 개복숭아는 삶으면 먹을 만했다.

학교에 들어가기 전 달리 기억나는 건 보통사람이 들으면 헛웃음이 나올 법한 것뿐이다. 자식이 여럿이기도 했지만, 무엇보다 무거운 삶의 무게에 눌려 살아가던 어머니는, 생일 따위를 따로 쇨 리 없었던 자식이 태어난 날이 22일인지 23일인지 헷갈렸다. 어머니는 점을 쳐서 내 생일이 23일인 것을 알아냈다! 그때부터 내 생일은 음력 10월 23일이 되었다.

소싯적 나는 '점바치'라는 말을 듣고 '점을 치는 밭'인 줄 알았다. 가죽신을 만들면 갖바치라고 한다는 걸 안 건 나중 일이다. 23일이 생일이 된 내 팔자는 간명했다. 점바치는 다섯째를 잘 키우면 나중에 호강한다고 좋은 말을 해주고 겉보리 한 되를 받았다. 고달팠던 어머니는 그걸 곧이 믿고 나를 아꼈다. 그 점괘가 탁월해서가 아니라 그거라도 믿고 살고자 했던 것이다. 배운 것도 가진 것도 없었던 어머니는 그걸 밑천 삼아 내게 "넌 잘될 테니 염려 놓고 살아가라"고 자주 말하곤 했다. 어느새 나 또한 그런 암시를 싫어하지 않고 있었다. 가장 어려울 때도 '잘될 건데 뭐 어때' 하면서 스스로를 달래곤 했다.

그건 이미 점과는 무관하게, 나를 포기하지 않게 하는 심리적 밑돌이 되었고 불가능을 향한 무모한 도전을 감행할 때도 낙관하게 하는 최초의 씨앗이 되었다. 그 말은 빈한하고 한벽한 산촌 사람들에게 합리성과는 전혀 별개로 격려가 되었으리라는 뜻이다.

다른 이야기가 하나 더 있다. 어머니는 자식들을 먹여 살리기 위해 낮에는 밭에서 해 지도록 일했고, 집에서는 술을 빚어 동네 사람들에게 판매했다. 밀주 단속이 심해지자 면소에서 떼어온 술과 라면과 박카스, 과자 부스러기 같은 걸 팔았다. 가게다운 형태가 따로 있었던 건 아니다. 마루도 없는지라 그냥 우리 집 안방이 점방이었다.

언젠가 먼 친척 되는 분이 와서 막걸리를 마시면서 어머니와 대거리를 하고 있었다. 우리 형제들은 얻어먹을 게 없나 하고 옆에 우르르 앉아 있었다. 그 친척이 나를 부르더니 얼굴도 아니고 하필이면 고작 귓불이 잘났다고 몇 번이나 이야기를 했다. "큰 인물 되겠어, 이거." 필시 친척 어른은 가난한 집에 와서 달리 해줄 말도 없고 해서 무심히 입시울에 올린 언사였을 게다. 하지만 나는 아무 근거도 없이 그 복을 믿어야 했다. 귓불 설화라는 게 부처 형상에서 나왔다는 것쯤 지금이야 익히 지식으로 얻은 터수이지만, 희망 같은 건 어디 먼데 까마득한 곳에 있는지 없는지 알 수 없었던 두 모자는 이를 반복해서 생활로 새겼다.

다섯째 호강과 귓불 설화는 산골을 떠난 뒤에도, 사회적 세계관을 정립하기 전까지 나를 존립케 하는 근거였다면 근거였다.

나는 살아오면서 늘 내 위를 가로막고 있는 천장을 뚫어보고자 했다. 보통은 천장 너머가 보이지 않아서 천장을 뚫을 생각을 못 했지만, 나는 천장을 뚫으면 다른 세계가 있다고 스스로에게 깨우치곤 했다. 자기 낙관과 도전이 반드시 위대한 말에서만 나온다고는 믿지 않는다.

어쨌든 이 두 가지 말을 믿었다고 해서 고향에서 삶이 달라지진 않았다. 다만 우리 집은 다 합쳐 1백 호 가까이 되는 도촌리에서 위로부터 집골, 지통마, 새못에 살다가 차례로 평지마까지 내려온 뒤 고향을 떠났다. 우리 식구가 탈향을 해서 서울 근처로 향한 건 대단한 결단이 있어서가 아니었다. 가난했고, 비 온 뒤 골짜기 안개처럼 내일이 보이지 않았기 때문이다. 조선 팔도 어디에나 있을 법한 자그마한 청량산 비탈에 근대화도, 문명도, 권력도 양지를 만들어줄 리 만무했고, 아버지가 살림을 꾸려나가는 데 솜씨가 없었던 것도 사실이다. 우리는 어디론가 떠나야 했다. 모두가 그걸 알고 있었다.

어느 날 어머니가 농사를 지으러 갔더니 누가 우리 밭을 갈고 있었다. 음주가무를 좋아했던 아버지는 남아 있던 재산과 가솔이 모두 나서서 돌을 집어내어 일군 산전마저 털어먹고 내가 국민학교 3학년 때 마침내 몸을 빼쳐 서울로 가버렸다. 정확하게는 서울 옆 어디였다. 돌이켜보면 고향에서 아버지는 미완의 존재였다. 농사꾼도 아니었고, 지식인도 못 되었고, 그저 땅에만 죽도록 매달려서 살 수 있는 농사꾼이기에는 듣고 본 게 너무 많았다. 그 때문에 다감한 남편도 못 되었고 배려 깊은 아버지가 되기에는 형편없이 가난했다. 따뜻한 삼촌도, 풍족한 처남에도 다 미치지 못했다. 그 뒤 3년을 더 기다려서 내가 국민학교를 마치고, 셋째형이 중학교를 마치는 걸 맞추어 졸업식이 끝난 며칠 뒤 새벽 우리 식구는 단출하게 집을 나섰다. 1976년 2월 26일, 일곱 시간 걸리는 청량리행 완행열차를 타고, 다시 239번 버스를 갈아타며 다음 날 새벽에 도착한 곳 이 바로 성남이다.

내 영혼의 생성소

○   국민학교에 들어가면서 나는 비로소 태어난 마을을 벗어나 삼계라는 대처에 가보았다. 비록 단층이었지만 목재로 지은 사각형 큰 건물을 보고 주눅이 들었던 걸 지금까지 잊을 수 없다. 기껏해야 기와집이 두어 채 정도이고 나머지는 모조리 초가집이던 마을과는 너무 달랐다. 삼계국민학교는 전체 학생이 대략 5백여 명 가량 되었다. 가장 인상적인 것은 학교 종이었다. 약간 통통해 보이던 선생님이 그 종을 쳤다. 그는 우리 담임선생님이었고, 나는 그 선생님을 내내 무서워했다. 매를 많이 맞았기 때문이다. 한글도 다 안 떼고 들어간 까닭도 있지만, 학교에서 준비해오라는 걸 제대로 준비해간 적이 거의 없었다. 아마도 그래서 그 종이 오래도록 뇌리에 남아 있을 게다.

선생님이 무서웠던 이유를 최근에야 알았다. 1학년 학생기록부를 보니 결석이 무려 80일이 넘었다. 5킬로미터 산길을 혼자 걸어 학교에 가야 하는데 아마도 안 갈 이유가 엄청 많았을 것이고, 선생님은 당연히 야단을 했을 것이다.

학교를 마칠 때까지 나는 도화지와 크레파스를 손에 쥔 적이 없었다. 미술 수업 준비를 해야 하는 문방구와 가난한 집안 형편은 거리가 멀었다. 교과서 말고는 공책과 오로지 연필 한 자루가 학용품의 전부였다. 남에게 빌리는 것도 눈치보았고, 평소 입성도 초라했다. 선생님에게 귀엽게 보일 짓도 할 줄 몰랐고 아양 떤다는 건 상상조차 해보지 못했다. 그래서 내게 돌아온 건 매와 미였다. 매미를 말하는 게 아니다. 성적표에는 '미미미미'가 박혀 있었다. 그런 내게 학교 공부가 재미있었다면 그건 거짓말이다.

학년을 올라가도 형편은 달라지지 않았다. 여름이면 학교에서 보리 한 되 주워 와라, 가을이면 나락 한 되 주워 와라 했는데, 우리 집 형편상 논이 없으니 남의 논에 들어가서 이삭을 몇 날 며칠 주워야 했다. 그렇게 주워도 미처 한 움큼도 되지 않았다. 보통 아이들은 집에서 퍼가지고 가는데, 어머니가 고생하는 걸 알았던 나는 집에 가서 아예 말조차 꺼내지 못했다. 그 대신 학교에 가서 머리와 몸을 내놓고 맞으며 때워야 했다. 겨울이면 보리 왕겨로 만든 개떡을 먹으며 살고 있는 사람들에게 나락 이삭을 모아오라고 한 학교의 방침을 나는 아직도 완전히 이해하지 못한다. 가난하다는 이유로 나는 자주 회초리를 맞아야 했다.

언젠가 선생님한테 뺨을 스물일곱 대 맞은 적이 있었다. 같은 반이던 두 살 위 팔촌이 세어서 알게 되었다. "너, 스물일곱 대 맞았다." 학교 가는 길 미화작업으로 코스모스 따위를 학생들이 심곤 했는데, 내게 할당된 구간을 책임지지 못했던 것이다. 아니, 난 그걸 아예 잊고 있었다. 집에 돌아오면 산비탈을 타고 나무를 하거나 산전에서 일을 해야 했으니까. 담임선생님은 학교 운동장에서 다짜고짜 나를 불러내더니 마구 뺨을 후려쳤다. 코피가 터져서 얼굴을 덮어도 매질은 끝나지 않았다. 나이가 든 뒤에도 팔촌은 스물일곱 대 뺨을 맞을 때의 내 눈빛을 잊지 못한다고 말하곤 했다. 필시 반항기 가득한 얼굴이었을 게다.

당시 우리 사회 전반에 여전히 일본색이 남아서 그랬을 터이다. 사소한 잘못을 저지른 학생 둘을 나오게 한 뒤 서로 뺨을 때리게 하는 게 다반사이던 시절이다. 나도 팔촌과 둘이서 뺨 때리는 벌을 받은 적이 있다. 때리다 보면 감정이 생기지 않을 수 없다.

학교 화장실 청소는 숫제 내 담당이다시피 했다. 늘 준비물을 안 챙겨가서 야외실습은 자연스럽게 제외되었고, 사생대회는 나갈 꿈도 꾸지 못했다. 무언가를 준비해서 가야 하는 단체활동 시간에는 화장실 뒤로 돌아가서 똥통의 뚜껑을 열고 일을 했다. 한참 똥통을 푸다 보면 암모니아 냄새가 사라지고 기이하게도 달걀 냄새가 났다. 그 일이 끝나면 할미꽃 뿌리를 다져서 소변기에 깔았다. 그렇게 하면 바글

바글하던 구더기가 좀 덜 생기곤 했다.

　내게 학교는 수도 아니고, 우도 아니고, 미였다. 아니, 공포였다. 그
래도 지독히도 좋은 게 한 가지 있었다. 책을 모아놓은 곳, 도서실이
었다. 《암굴왕》《지하세계》《해저 2만 리》…… 그 시대 소년소녀명
작이거나 어린이권장도서들을 모두 거기서 읽었으니 말이다. 아무
도 간섭하는 사람 없는 도서실은 유일하게 몇 시간 평화가 유지되는
나의 도피처이자 자아의 자궁이었다. 삼계국민학교 1층 교무실 옆에
있던 그 작은 공간은 내 영혼의 생성소이자 고향이었다. 내 소년기
독서는 교무실 옆에서 시작되었고, 거기서 끝이 났다. 성남에 올라온
뒤에는 공장을 다니느라 따로 책을 읽을 겨를이 없었다.
　다 읽지 못한 책을 집에 빌려가기 위해, 서리해온 복숭아를 도서실
사서 노릇하던 같은 반 친구 김재학과 나눠먹기도 했다. 40년이 넘게
시간이 흘렀지만 그 시절 그가 내게 베풀어준 호의를 잊은 적이 없
다. 공장에 다니면서도 내가 그에게 편지를 부치곤 했던 까닭도 거기
있을 터이다.
　봄철 토요일 오후, 도서실에서 책을 빌려서 나오면 하굣길 신작로
미루나무에 바람이 불어와 나뭇잎이 소리내며 하얗게 뒤집어지던 순
간을 어떻게 잊겠는가. 나에게도 소년시절이 있었다.

내가 믿지 않은 두 가지
얼음과 짠 바닷물

o   안동 주진나루를 건너면 삼계국민학교였다. 나루터에 의지
해 통학할 수 있는 학교는 세 곳이었다. 이후 마을과 읍내 사이에 신
작로가 나면서 비로소 버스가 오갔고, 족히 몇백 년은 사람들이 건너
다녔을 나루터는 곧 생동감을 잃어버렸다. 불도저가 와서 나의 미루
나무를 밀어버리고 길을 닦아나갔다. 아무에게도 항의할 수 없었지
만 나는 미루나무가 넘어지는 걸 끝까지 지켜보았다. 내 소년시절이
어느 여름날 옆으로 쓰러지고 있었다.

그 길을 타고 나는 안동 읍내에 처음 나가보았다. 수학여행이었다.
당시 안동은 아직 군 소재지였다. 학교에서 읍내까지 버스를 타고 이
동했다. 육성회비도 내지 못하던 내가 호사스럽게도 수학여행을 떠
날 수 있었던 건 연세가 지긋하던 교장선생님 덕분이었다. 선생님은

요샛말로 하자면 학교 매점을 학생자치회나 협동조합 같은 방식으로 운영하도록 해주었다. 매점 장사를 하고 남는 돈에, 학교 앞 개천을 불도저로 밀어서 밭을 개간한 현장에서 돌을 집어내고 받는 돈, 보리 벤 품삯 등을 더했다. 어른 일당이 6백 원이었는데 어린것들에게는 2~3백 원을 쳐주었다. 그걸 모아서 1천 3백 원을 만들었다. 그건 전적으로 교장선생님의 애정 어린 배려였던 것으로 기억한다. 집밖에서 했던 내 생애 첫 아르바이트 혹은 노동은 협동조합 일이거나 자치회였다.

5학년 모두가 한 명도 빠짐없이 버스에 몸을 싣고 학교 교문을 나섰다. 공식적으로는 버스를 처음 타본 셈이다. 기껏해야 먼지 나는 버스 꽁무니에 몰래 매달려본 흙투성이 팔자들이었다. 친구들 대부분은 안동 읍내까지 가는 동안 멀미를 일으켜 토악질을 했다. 지금도 그 시큼한 냄새가 코끝에 풍기는 듯하다.

교장선생님은 여러모로 남다른 데가 있는 분이었다. 그해 겨울에 선생님은 전교생을 논바닥으로 나오라고 했다. 눈이 희끗희끗 날리고 저기 멀리서 헬리콥터 한 대가 날아오고 있었다. 늘 그래 왔듯 모두들 그건 우리와 무관한 것이라고 생각하고 있었다. 왜 저렇게 낮게 날아오는가, 하고 의문을 품는 순간, 헬리콥터가 삼계국민학교 전교생이 모여 있는 바로 앞 논바닥에 내려앉았다. 교장선생님은 우리더러 감히 그 비행물체를 만져봐도 좋다고 했다. 겨울 공기를 가르고 날아온 미끈한 헬리콥터 몸체는 차디찼다.

나는 그날 언 몸으로 어떤 꿈을 만져본 느낌이었다. 불가능을 만져본 것 같은 경이라고 해도 결코 어긋난 말이 아니다. 어떤 모종의 막연한 상상이 현실에 도착하던 순간은 여전히 생생하게 내 뼈끝에 남아 있다. 그 환희는 불가능을 향한 꿈을 이루는 것이야말로 삶이라는 걸 구체적으로 암시하고 있었다.

나는 그 교장선생님에게 다시 없을 빚을 졌다. 하나는 비행물체를 만져본 일이었고, 하나는 수학여행이었다. 그렇게 하여 5학년 모두는 기차를 타고 경주에 도착했다.

나는 경주에서 소년시절 내가 품고 있던 두 가지 의문 또는 불신 중 하나를 해결했다. 자연시간에 선생님은 여름에도 얼음이 얼 수 있다고 일러주었다. 물이 여름에 얼다니. 냉동원리를 전혀 이해하지 못하던 나는 그 말에 콧방귀를 뀌었다. 어쩌면 산촌 아이들을 놀리는 말일지도 모른다는 생각마저 했다.

기차역에서 내려 석류나무 한 그루가 마당에 있던 여인숙에 여장을 풀었을 때, 담장 틈으로 한 사내가 우리들을 불렀다. "아이스께끼~" 누군가 돈을 내밀고 얼음과자를 사서 입에 베어 물었고, 곧 나도 아무런 미련 없이 따라하였다. 우유를 굳힌 얼음을 빨아 먹으면서도 나는 도무지 여름날(실은 가을날) 얼음이 믿기지 않았다. 결국 몇 푼 되지 않는 용돈을 다 까먹을 때까지 계속 아이스크림을 사먹었다. 강한 호기심은 어느새 맛에 대한 강한 유혹으로 바뀌어, 먹어도 먹어도 배부르지 않은 다디단 얼음에 매료되어버린 것이다. 그로써 과연 여름에도 얼음이 있다는 걸 받아들이다 못해 탄복하고 찬미하게 되었다.

그 여인숙에서 석류도 처음 보았다. 열매가 벌어지도록 따지 않고 내버려둔 사람들을 나는 이해할 수 없었다. 익은 석류를 구경 삼아 마당에 둔다는 건 더욱 납득하기 어려웠다. 그래서 나는 밤중에 몰래 나가 그 석류를 따먹었다. 불빛이 나오는 전구의 소켓을 돌려서 껐다가 켜본 곳도 거기였다. 이름은 잊었지만, 그 여인숙이야말로 나의 자연공부 실험실이었고 살아 있는 생물도감이었다.

불국사도 석굴암도 나에게 깨달음 같은 걸 주지는 못했다. 다만 왕릉의 묏등이 너무 커서 놀랐을 따름이다. 어떻게 묏등이 집보다 클 수 있을까. 그렇다고 왕릉의 크기를 본 놀라움이 단 얼음을 먹고 놀란 것을 당할 수는 없었다.

나는 또 오래도록 바닷물이 짜다는 사실을 믿지 못했다. 내가 맛보는 우물이나 샘, 냇물은 모두 심심했다. 어디에도 짠맛이 없었다. 냇물이 모여서 강으로 흘러가고 이내 바다를 이루는데 어떻게 그 물이 짤 수 있단 말인가.

"바닷물이 짜다는 건 사기야." 이렇게 말해도 달리 이의를 제기하는 친구들은 없었다. 아무도 바다에 가보지 못했으므로. 나는 나의 황당한 합리성을 당당히 믿은 채 고향을 떠났다.

아버지를 좇아 성남에 와 공장에 두어 해쯤 다닐 무렵 인천에 가보았다. 목적은 두 가지였다. 하나는 월급 받는 아들로서 부모님께 해드리는 일종의 효도관광이었고, 다른 하나는 바다를 보기 위해서였다. 그 무렵 연안부두는 제법 이름 있는 관광코스 중 하나였다. 버스를 몇 번 갈아타고서 해변에 도착했을 때 나는 가장 먼저 부두 아래에 발을 딛고 두 손을 모아 바닷물을 마셔보았다. 나는 곧 나트륨에게 완전히 패배하고 말았다. 바닷물은 사정없이 짰다.

누구도 회의하라고 일러주지 않았지만 소싯적 나는 관념적으로 과학을 믿지 못했던 듯하다. 조금 고상하게 말하자면, 관념적 진리를 의심하고 이를 확인해보는 '나쁜 태도'가 있었다. 그렇지만 진리의 현재성을 발견하면 서슴없이 내 과거 생각과 습관을 내팽개쳐버릴 수 있었다.

바닷물이 짜다는 걸 직접 맛보았을 때, 나는 나의 믿음이 허물어지는 쾌감과 함께 과거를 맘껏 비웃었다. 그리고 세상은 정말 배울 것으로 가득 차 있다는 사실에 가슴이 뛰었다.

다시 내 몸속 어디에선가, 도서실을 나와 하굣길에 보았던 미루나무가 이파리를 뒤집으며 흔들렸다. 그날로 나는 소년에서 완전히 벗어났다고 확신한다. 아직 잘은 모르지만 나는 어디론가 더 가야 했다. 바닷물을 입안 가득 머금었을 때, 나는 이미 방금 전까지의 내가 아니었다. 나는 이재명이었지만 나는 이재명이 아니었다. 이재명이 아닌 것으로 이재명이었다. 그 이재명을 연안부두에서 만났던 것이다.

이런 내게 작은 깨달음을 준 것은 두 가지가 다 물이었다. 그날 나는 물에 뛰어들지 않았지만, 내 갈비뼈 밑에서 싱싱하게 돋아나는 새로운 세상을 향해 몸을 던질 수도 있다는 소리를 들었다. 한낱 월급 9천 원을 받는 공돌이 주제에.

아궁이 속에 두고 온 고향

ㅇ   나는 중학교를 다니지 않았다. 나 또한 어차피 상급학교로
진학할 수 없다는 걸 국민학교 3~4학년이 될 무렵 이미 완전히 이해
하고 있었다. 선생님이 시험지에 채점을 해서 돌려주면 연필로 쓴 내
이름을 박박 지운 뒤 성적이 떨어지는 다른 친구 이름을 써서 줘버리
곤 했던 게 그 무렵이다. 그 친구더러 집에 가서 칭찬을 받으라는 뜻이
었다. 형도, 누나도 국민학교가 최고 학력이거나 국민학교 중퇴였다.

  그나마 큰형이 중학교에 들어갈 수 있었던 건 할아버지 둘째 부인
으로 들어온 계모 할머니가 공부를 시켰기 때문이다. 제사 지내줄 장
자로 데려가서 말이다. 그 할머니가 집안에서 큰형을 훈육하는 법은
간단했다. "네 어미는 못된 년이다." 그렇게 해서 생모인 어머니와 큰
형을 떼어놓고자 했다. 서로를 사랑하지 않았다기보다 사랑할 줄 몰

랐던 가난한 사람들의 사랑법이었다. 그런 와중에 큰형은 중학교를 마치지 못하고 중퇴했다. 형은 이후 광부 생활을 하다 건설현장에서 산업재해를 당해 왼쪽다리를 절단하고 장애인으로 살고 있다. 셋째 형은 거의 공짜로 중학교에 다녔다. 안동고등학교 분교 비슷한 인계 중학교로 진학했는데 공부도 좀 하고 해서 학교 배려로 가능했던 일이었다.

나는 당시로서는 최종학력이 될 것이라 믿었던 국민학교 졸업식에 참석하긴 했지만 달리 슬프다거나 애상에 젖거나 한 기억은 없다. '빛나는 졸업장을'로 시작하는 졸업식 노래의 노랫말을 바꿔 부르던 게 생각난다. 나는 그저 마음에 상처를 입은 채 한구석에 비뚤어져 있었던 것이다.

식구들은 모두 내 졸업식을 기다리고 있었다. 졸업을 축하하거나 하기 위해서가 아니었다. 졸업식에 꽃다발이나 짜장면 따위는 없었다. 네 살 위인 셋째형도 한 학년을 꿇어서 같은 시기에 중학교를 마쳤다. 두 아들이 국민학교와 중학교는 마치게 하고 성남으로 데려가기 위해서 모두가 기다리고 있었던 것이다. 우리 식구는 이사를 했다기보다 이주를 했다. 성남으로.

우리가 성남에 이주할 무렵 아버지는 친척이 있는 시흥에서 자전거로 콘티빵을 배달하는 등 잡일을 전전하다 성남에 정착한 상황이었다. 성남에 연고가 있었던 게 아니라, 그래도 없는 사람들이 모여

살기에 성남이 가장 낫다고 판단했던 것이다. 큰형은 이미 타지에 나가 있었고, 아버지에 이어 둘째형, 나와 셋째형이 올라와서 합치는 것으로 식구들은 대부분 한 자리에 모였다.

안동에 사는 동안 나는 성남에 대해서 거의 아무것도 알지 못했다. 하물며 지명조차. 아버지가 서울 옆에 있다는 소식은 들었지만 빈민, 철거민 들이 모인 성남이란 곳에 있다는 말을 어른들은 되도록 회피했던 것이다. 내가 물을라치면, 서울 옆 어디에 있다더라는 식이었다.

우리 집은 이삿짐을 쌀 게 거의 없었지만 정작 내 짐은 제법 많았다. 정확하게 내 짐은 쇠로 된 탄통에 다 들어갔다. 울퉁불퉁한 시골길에서 자주 휘는 자전거 림을 바로잡는 장비며, 빵꾸를 때우는 튜브 조각까지 챙겼다. 셋째형이 자전거를 타고 통학을 한지라 나도 자주 얻어 탔고 이윽고 고장 난 자전거를 대부분 내 손으로 직접 고쳐 쓰기에 이르렀다. 나는 지금도 자전거만 봐도 설렌다. 그 설렘은 언제나 자전거 바퀴에 감겨서 왔다.

짐이 담긴 탄통을 품에 안고 공돌이가 되기 위해 나는 중앙선 완행열차를 타고 싸라기눈이 내리는 성남으로 향했다. 손에서 장비 같은 걸 놓아버리면 생존 자체가 소멸해버릴 것 같은 공포도 있었다. 중학생이 된 내 또래들은 알 수 없을 위기감이 온몸을 휘감고 있었다. 고향에 남긴 게 이제 아무것도 없다는 걸 확인하는 일은 미칠 것 같은 쓸쓸함을 일으켰다.

새벽 소개집은 비탈에 낮게 엎디어 있었다. 우리가 떠나면 아무도 살지 않으리란 걸 나는 알고 있었다. 다른 누가 들어와 살 수 있는 집이 아니었다. 우리 식구를 송별해주고 있는 건 그 슬레이트집뿐이었다. 누구 하나 나와서 작별을 아쉬워하지 않았다. 우리는 가난에 내쫓기고 있었던 것이다.

6학년 겨울에 나는 거리를 돌아다니며 병뚜껑 딱지를 모았다. 술병이나 콜라병 뚜껑을 납작하게 눌러서 딱지 모양으로 만든 뒤 자루에 넣어 구석에 두었다. 당시 병뚜껑은 알루미늄 같은 게 아니라 철로 되어 있었다. 몇 자루가 모였을까. 겨울에는 날이 추워 엿장수가 산골마을을 잘 돌지 않았다. 이따금 엿장수 가위소리가 들려도 나는 못 들은 척했을지도 모른다. 병뚜껑 자루를 메고 굳이 가게로 내려가지도 않았다. 알 수 없다. 왜 그랬는지.

막상 이사를 가야 했을 때에야 나는 그걸 처분하지 못했다는 걸 깨달았다. 그렇다고 가져갈 수도 없는 노릇이었다. 이사 가는 날 새벽에 자루를 들고 불기 없는 부엌 아궁이로 갔다. 병뚜껑 딱지를 쏟은 다음 그걸 한 주먹씩 아궁이 개자리 저편 깊숙이 던져 넣었다. 불씨처럼. 거기가 내가 알고 있는 가장 깊은 곳이었고 누구도 다시 와서 살 집이 아니었다. 내가 고향에 남겨두고 온 것은 오직 그것뿐이었다. 왜 그걸 아궁이 속에 넣고 싶었을까, 알 수 없다.

3년쯤 지나 집안에 일이 생겨 잠시 고향에 갔을 때, 나는 급히 아궁이로 가 막대기로 병뚜껑들을 끄집어냈다. 쇠딱지들은 녹이 슨 채 서로 엉겨 붙어 있었다. 나는 그 위에 눈물을 쏟았다.

우리 식구는 빈 소개집 두 채를 썼는데, 몇 해 전 가보니 한 채는 무너져 밭이 되어 있었다. 아궁이는 흔적도 없었다.

02

나의
공장시대

나의 첫 번째 공장은 이름이 없었다

○   중앙선 완행열차를 타고 일곱 시간이 걸려 우리 식구는 청
량리역 광장에 내려섰다. 손에 솥단지 하나 없는 단출한 이사였다.
나는 자전거 수리도구를 담은 탄통을 들고 역 광장을 걸어갔다. 전
투하러 나가는 소년병처럼. 새벽 어스름 속에 어머니와 셋째형, 동생
둘까지 다섯 명은 신답역까지 걸어가서 239번 버스를 타고 단대오거
리에 도착했다.

싸락눈이 내렸는데 길바닥이 살짝 얼었다가 녹는 판이었다. 자꾸
만 흙이 달라붙어서 고무신이 무거워지더니 이내 벗겨지는 비탈길을
우리는 한 시간 가까이 꾸역꾸역 올라갔다. 집 몇 채가 서 있는 길목
저편 능선 뒤쪽은 시뻘건 황토 민둥산이었다.

버린 연탄재가 잔뜩 쌓인 고갯길을 올라 마침내 꼭대기에 다다른

상대원동 고지대가 몸을 부릴 곳이었다. 열세 살 나의 성남은 거기 있었다. 얼어붙은 황토를 뒤집어쓴 채로. 성남에서 가장 높은 동네라는 건 방값이 가장 싸다는 뜻이었다. 공단 또한 지척이었다.

20평 안팎 분양지에 ㄷ 자 형태로 지은 집에 우리 식구는 셋방을 살았다. 허름한 대문을 열고 들어가면 공동수도가 있는 마당이 나오고 양쪽에 작은 방들이 붙어 있었다. 문간방은 양 켠으로 두 개씩 세를 주고 주인은 안쪽에 살았다. 사글세라도 시골집보다는 낫다고 생각했다. 우선 바닥이 시멘트였다. 나는 그걸 문명화되고 도시화된 것이라고 여겼다.

자주 끊기기는 했지만 수도가 있어서·물을 길러 가지 않아도 되는 편리함이 좋았다. 수돗물을 마셨을 때 냄새가 나도 그 또한 소독한 걸 마시는 혜택이라는 일종의 자부심이 들었다. 시골과 달리 집이 많은 것도 싫지 않았다. 장작이나 짚불이 아니라 아궁이에 연탄만 넣으면 따뜻한 방과 어쩌다 가끔씩은 TV도 있는 삶이었다. 주인집 안방에서 TV를 틀면 기웃거리면서 중요한 스포츠 중계 같은 걸 볼 수 있었다. 어떤 프로그램을 시작부터 끝까지 다 본 적은 없었다. 한두 살 나이가 더 많은 주인집 딸이 결정적 순간에 거의 대부분 발을 내려버렸기 때문이다. 셋방 사는 것들이 왜 같이 보냐고 하는 느낌이 분명했다.

하물며 쓰레기장에 쌓인 조개껍데기도 좋았다. 그걸 주워 씻어서 집에 가져오는 바람에 어머니에게 몇 번이나 혼이 나기도 했다. 꼬막, 백합 따위였는데 산골에서 자란 나는 조개껍데기를 본 적이 없었던 것이다. 기억이 또렷하진 않지만 집에 있는 변소는 주인만 썼던 듯하다. 나는 늘 공중화장실 앞에서 차례를 기다리느라 줄을 섰다. 이상하게 들릴지 모르지만 처음에는 그것도 신기해서 나쁘지만은 않았다.

땅이 다 녹기 전에 나는 아버지가 시키는 대로 바로 취업을 했다. 우리 집과 등을 맞대고 있는 뒷집 단독주택을 빌린 목걸이 공장이었다. 이름 같은 건 없는 가정집에 차린 작은 공장이었다. 거기서 가느다란 사각 신주(황동)선을 손가락 끝으로 비벼서 새끼줄 모양을 만든 다음 납과 염산으로 땜질하는 작업이었다. 아궁이에 연탄을 두 장 넣고 알루미늄 그릇을 올려놓고는 납을 끓였다. 그릇은 이미 누리끼리했다. 옆에는 염산 그릇이 있었다. 염산을 묻혀야 납땜이 되기 때문이다. 물방울 모양으로 꼰 신주선을 염산에 넣었다가 뺀 뒤 얼른 납에다 찍고 꺼내는 동시에 불어서 굳히면 한 개 작업이 끝났다.

연탄불 위에서는 늘 납이 김으로 끓어올랐다. 기화된 납이었다. 수은, 카드뮴, 납 같은 게 몸을 얼마나 상하게 하는지 전혀 알지 못했다. 납과 염산이라는, 절대 끓이면 안 되는 것에 나는 얼굴을 묻고 살았다. 연탄아궁이를 끼고 있자니 종일 얼굴이 화끈거려 뜨거웠고 바깥에 찬바람이 부는 날에도 비지땀이 흘러내렸다.

공장에는 나보다 나이가 두세 살 정도 많은 여자아이들 서너 명과 남자 한 명이 있었다. 내가 가장 어렸다. 소년 소녀들이 납과 염산 공기 속에서 일을 하고 밥을 먹었다. 어느 날 낮에 결국 염산 그릇을 내 팔꿈치로 쳐서 엎고 말았다. 얼른 입고 있던 청바지를 벗긴 누나들이 나를 데리고 나가 씻겨주었는데 돌아와 보니 청바지가 딱딱하게 굳어 있었다. 어떻게든 다시 입어보려고 만지자 옷이 부서져버렸다. 한 달 월급이 1천 원 정도였다.

내 인생은 마치코바(町工場, 소규모 공장)보다 아래인 납땜용 전기인 두도, 회사 이름조차 없던 공장에서 시작되었던 것이다. 납 연기 피어오르던 내 첫 공장은 아직도 내 혈관을 타고 몸속을 돌아다니고 있을 것이다.

두 번째 공장은 단대오거리를 지나 반대쪽에 있는 창곡동으로 옮겼다. 지금은 산성동이라고 불리는 곳이다. 이쪽 산 능선에서 저쪽 산 능선으로 이동한 것이다. 작업과정이 비슷한 목걸이 공장이었다. 반지하에 있던 그곳도 이름이 없었다. 첫 번째 공장과 무엇보다 다른 건 월급이었다. 한 달에 3천 원씩 받기로 했으니 하루에 1백 원꼴이었다. 이전보다는 약간 기계화되어 있었지만 여전히 인두는 아니었고 신주를 붕산에 찍어 땜을 했다. 주전자처럼 생긴 석유램프에서 뿜어 나오는 불을 이용했다. 그 작업을 여름까지 했다. 공장이 없어졌으므로 더 이상은 할 수가 없었던 것이다.

점심은 도시락을 싸가지고 다녔는데 저녁은 집에 와서 먹었다. 야근을 해도 저녁을 안 주던 시절이었다. 아침 8시 반까지 출근해서 일하고 점심 먹고 내리 밤 9시까지 일을 했다. MBC 라디오 방송으로 기억하는데 〈내 마음의 가곡〉인지 〈내 마음의 노래〉인지를 들으며 매일 퇴근을 했다. 지금도 그 음악을 들으면 그 공장에서 집으로 가던 배고픈 길이 떠오른다.

공장에는 나보다 더 어린 사람도 있었다. 사장과 사장 동생과 사장 딸 그리고 나와 여자 한 명이 식구가 아닌 공돌이 공순이였다. 아니, 모두가 공돌이 공순이였다. 사장 딸이 나보다 두세 살 어렸는데 학교에 다니지 않았다. 국민학교도 그에게는 언감생심이었던 것이다. 그는 허벅지에 화농이 심해서 고름을 뺀다고 심지를 박은 채 일을 했다. 정말 밤톨처럼 작은 소녀였다. 화농이 생기면 곧잘 어른들은 근이 있다고 했고 해근 뺀다고 솜이나 종이를 말아서 상처 부위에 찔러 넣었던 것이다. 살이 다시 채워지는 데는 몇 개월이 걸렸고 흉터는 평생 남았다. 화농은 일단 자리를 잡으면 곧 여러 군데로 번졌다. 씻지 못하는데다 영양상태가 나쁜 지하 생활자들이 잘 걸리는 병이었다. 소녀에게 반지하 공장은 동시에 집이었다. 일부러 나가지 않으면 햇빛조차 볼 수 없는 공장이었다.

어느 날 출근을 했는데 공장 사람들이 보이지 않았다. 문도 잠겨 있었다. 사람들에게 수소문해서 물으니 새벽에 다들 어디론가 가버렸다는 것이었다. 나는 월급을 한 푼도 받지 못한 처지였다. 곧 준다, 다음에 준다, 다음 달에는 꼭 지급한다고 하면서 석 달을 미룬 터였다. 1천 원 월급이 3천 원으로 올랐다고 내심 기뻐했던 기대가 허망

하게 꺼져내렸다. 나는 억울한 마음에 사장 이름을 오래도록 기억했
는데 몇 해 전 잊고 말았다. 망각으로 비로소 그를 용서한 셈이었다.
그 뒤 아버지가 사장을 찾는다고 몇 번 말했지만 소용없는 일이었다.
공장도, 나도 이름이 없었으니 등록이 되어 있을 리 만무했다.

공장 밖 진달래

  ○   사장의 야반도주로 회사가 없어졌으므로 어쨌든 나는 다른 공장을 찾아야 했다. 9월이 왔고 또 취직을 했다. "이번엔 제대로 된 곳이다." 아버지가 데리고 간 공장은 상대원동 들머리 '동마고무'였다. 지금 상대원동 파출소 뒤쪽이다.

나는 애초에 나이가 어렸고, 출생신고가 1년 늦게 되어 있는데다 12월생이어서 법적으로 도저히 취업을 할 수 없었다. 사업자등록이 있는 동마고무에서는 적어도 문서상으로는 월급을 정식으로 지급해야 했으므로 주민등록등본이 필요했다. 어머니는 우리 집 앞에 살던, 몇 살은 족히 많은 '박승원'이라는 청년의 이름을 빌려왔다. 나는 남의 이름으로 일한다는 데 대해 별다른 느낌이 없었다. 월급만 제대로 받는다면 상관없었다. 따지고 보면 나의 세 번째 직장은 위장취업이었던 셈이다. 회사에서는 다 알면서도 아무 말도 하지 않았다. 싼 임금으로 사람을 고용하면 그만이었다. 서류는 그저 면피용이었다. 어쩌다 남의 이름을 빌려 일하다 소년공이 죽게 되면 보험료를 누가 받느냐 가지고 다투기도 했다는 말도 들은 적이 있다. 거기서 첫 산재 사고를 당했다. 그때는 그걸 그냥 다쳤다고 했다.

동마고무는 콘덴서용 고무를 찍어냈다. 콘덴서 안쪽에 들어가는 것이었고, 크기는 다양했다. 공장 프레스실 압축기에서 생고무와 유화제를 마구 섞어서 비빈 다음에 찍어냈다. 그걸 떼어내는 '뽄찌작업(펀치작업)'을 거쳐 구멍을 막고 있는 것을 갈아내고 고무 주위에 붙어 있는 부스러기 같은 것들을 말끔하게 다듬어내는 일을 했다.

빠르게 회전하고 있는 원통 막대기 샌드페이퍼에 대고 싹싹 깎아내는 것이다. 자칫하면 손가락 살도 깎여나갔다. 귀퉁이 부분을 잡고 살짝 집어넣다 보면 예사로 살과 손톱이 깎여나갔다. 지문은 당연히 흔적이 없었고 오른손은 온통 상처투성이였다. 작업대 아래서는 전기 모터가 돌고 있었다. 손가락이 말려들어가는 건 어찌 보면 당연한 일이었다. 아무리 조심한다고 해도 피할 길이 없었다. 내 손가락에는 아직도 고무가루가 들어 있다. 얼핏 보면 혈관처럼 길게 굳어버린 고무는 내 손가락 안에서 세 번째 공장의 기억으로 살아 있다. 손가락과 고무가 떡이 되었는데도 고무가루를 빼내지 않고 대충 치료를 하고 말았던 것이다.

손가락을 다쳤을 때 사장에게 뒤통수를 얻어맞았다. 그는 나더러 조심하지 않고 일했다면서 기계를 버리게 되었다고 짜증을 냈다.

"기계 값이 얼만데!"

소년공의 목숨값이 기계값보다 차라리 쌌던 시대였다. 다들 알다시피 치료받는 기간에는 월급의 70퍼센트를 줘야 하는데 나는 품삯을 받지 못했다. 그런 법이 있다는 걸 안 건 까마득히 뒷날이다. 동마고무에서 내 일당은 4백 원이었다. 1년에도 월급이 막 20~30퍼센트씩 오를 때였다. 더불어 어느 공장에도 야근과 철야가 숫제 일상이었다. 현장 노동자들은 임금을 주로 일당으로 이야기하던 시절이다. 월급으로 6~7천 원 정도였고, 그때 나 같은 소년공들의 꿈은 일당 6백원이었다.

나는 몇 푼이라도 더 벌기 위해 한 손으로 할 수 있는 보조 일을 해야 했다. 진짜 시다 일이었다. 다친 곳은 3주 정도 지난 뒤에 붕대를 풀었다. 상처 부위가 간지러워 긁어대니 피부가 뭉텅뭉텅 떨어져 나갔다. 손가락에는 새로 핏줄이 생긴 듯 자국이 남아 있었다. 그때 나는 단지 살이 이렇게 변하기도 하는구나, 하고 생각했을 뿐이다.

거기서 우리는 야근, 잔업, 철야를 배웠다. '나' 말고 '우리'라고 하는 게 맞다. 그건 나의 선택 따위가 아니었다. 전체 소년공들의 뜻도 아니었다. 철야는 뿌리칠 수 없는 미끼처럼 우리들을 유혹했다.

야근은 10시까지, 철야는 새벽 2시까지였다. 철야할 때는 저녁으로 라면 한 개씩이 나왔다. 생라면이었다. 일하는 사람들은 다들 그걸 환호했다. 환자식이나 보양식으로 먹을 정도로 라면은 대접받던 별식이었다. "와! 우리 사장님 마음씨 좋으시다. 전에는 아무것도 안 줬는데." 라면을 받으면 먹기 아까워서 가방에 넣고 집으로 가져갔다. 새벽 2시까지 쫄쫄 굶고 일을 하는데 4시까지는 통금이라 집에 갈 수 없었다. 작업대 밑이나 창고 바닥에 누우면 바로 잠이 들었다.

철야를 하면서 내가 배운 노래가 하남석이 노래한 〈밤에 떠난 여인〉이다. 나의 첫 유행가였다. 나를 형이라고 따르던 강원도 출신 꼬마가 가르쳐준 노래다. 같이 일하고 함께 노래를 배운 소년공 중 한 살 많은 김이보는 이름까지 생각이 난다. 정작 노래를 가르쳐준 동생은 노래만 기억이 난다. 성이 박씨였는데, 아직도 그의 사진을 한 장 가지고 있다. 그가 얼마나 노래를 잘 했는지는 중요하지 않다. 분명한 건, 그는 흥이 있는 소년공이었다. "하얀 손을 흔들며~ 입가에는 예쁜 미소 짓지만~" 나는 붕대를 칭칭 감은 손을 흔들면서 가락을 따라 배웠다. 내가 알고 있는 이 세상 어디에도 예쁜 미소는 없었지만, 노래는 흥겨웠다.

커다란 사출기와 고무가루와 흰 유화제를 섞는 배합기. 거기서 나온 걸 가져다가 깎아내고 펀치로 마무리하는 작업은 매일 피투성이가 되는 일이었다. 사고를 당한 뒤 어머니는 거의 날마다 내 출근길에 동행했다. 가난한 집 어머니는 아들 손을 잡고 학교에 등교를 시켜주는 것이 아니라 공장에 데려다줘야 했다. 공장 문 앞에서 나는 어머니에게 도시락을 받아 안으로 들어갔다. 퇴근길에도 마중을 오기 일쑤였다. 한 번은 퇴근시간에 맞춰 서두르다가 겨울 눈길에 넘어져서 다치기도 했다. 정식 공장이라고 좋을 줄 알았는데 자식이 다치고 보니, 어머니는 다른 일자리를 알아봤으면 했다. 나의 세 번째 공장은 어머니의 뜻에 따라 그만두었다.

네 번째 공장은 '삼강사와' 회사의 가게용 아이스박스를 만드는 '아주냉동'이었다. 함석을 재단해서 접은 다음에 스티로폼을 잘라서 집어넣고 프레온가스로 작동하는 냉각기를 설치하고 모터를 달고 밖에 스프레이를 뿌리는 공정이었다. 지금은 성남2공단이라고 부르는 상대원공단이었다. 옛 공장 건물은 아파트형 공장으로 바뀌었다. 거기 또한 아버지가 취업공고판에서 공원모집 광고 같은 걸 보고 알려주었다. 공장에서 일하는 사람은 마흔 명에서 쉰 명 정도였다.

날마다 손가락, 손바닥, 손톱이 다 깎여나가는 공장을 피해서 왔지만, 함석이라고 위험하지 않을 턱이 없었다. 함석판을 자르고 접는 '샤링기(절단기)'는 위치를 정확하게 맞추지 않으면 손가락 따위는 아무 느낌조차 없이 날아가고 만다. 게다가 혼자 균형을 유지해야 하는 함석판은 무거웠다. 잠깐 실수로 손가락이 잘려나가는 걸 몇 번이나 봤다. 프레스는 위에서 무거운 게 떨어지니까 뼈와 살이 부서지고 샤링기에서는 잘려나간다. 샤링기에 토막 난 손가락에는 신경이 남아 있어서 튕겨 도망을 가버린다. 기계 밑에서 가까스로 손가락을 찾아 봉지에 넣고 뛰던 청년을 나는 죽을 때까지 결코 잊지 못한다. 그는 왼손만 세 번 잘렸다. 잘릴 때 잘리는 줄 모르는 게 샤링기다. 잘리고 나서 통증이 섬뜩하게 번져올 때야 비로소 잘린 줄 아는 것이다. 열네 살짜리 소년 앞에도 샤링기가 왔다. 잠깐만 헛생각을 하면 손가락이 사라질 것이었다. 실로 다행으로 나는 공장을 떠날 때까지 몸이 잘려나가지는 않았다.

함석 가위질이라고 안심할 수는 없었다. 긴 단면은 그대로 칼날이었다. 스티로폼은 뜨거운 철선으로 재단했다. 함석을 옮기고, 샤링기를 작동하고, 가위질을 하고, 스티로폼 재단까지, 나는 종합기술자였다. 기술이 있든 없든 누구나 해야 하는 일이었다. 산재는 피할 수 없었다. 내 몸에는 아직까지 1백 군데 가까이 함석에 찢긴 자리가 흉터로 남아 있다.

내가 정작 배워보려고 했던 건 용접이었다. 일당이 높았기 때문이다. 보조로 산소용접을 따라했는데 다음 단계의 기술은 끝내 가르쳐주지 않았다. 하긴 트럭 운전도 조수 생활 몇 년을 해야 핸들을 잡아보게 하던 시절이었다. 게다가 얼마 다니지 않아서 공장이 문을 닫았다. 그때는 공장이 맨날 망하고 또 생기곤 했다. 이른바 고도성장시기인데 돌이켜 생각해보면 군소 자본들의 경영 미숙도 일상적이었다.

소년공들 중에는 도시락을 못 싸오는 친구들도 여럿이었다. 방 하나에 2~3천 원 주고 몇 명이 모여서 사는 치들이었다. 나는 꽤 오랫동안 도시락을 두 개씩 싸가지고 다녔다. 봄날이었다. 그날도 동료와 공장 바닥에 앉아서 밥을 먹는데 공장 울타리 바깥으로 보이는 민둥산이 온통 진달래였다. 어렸을 적에 꽃을 따 먹던 생각도 나고 해서 나가보고 싶었지만 소년공들에게는 턱없는 일이었다. 공장 문은 잠겨 있었다. 관리자들은 점심시간이 자유로웠다. 반찬으로 싸온 식은 어묵을 꾸역꾸역 밀어 넣으면서 나는 가슴속으로 무언가 결심하고 있었다. 교복 입은 학생 몇이 진달래가 핀 산 아래를 지나갔다. 교복이야 늘 보던 것이었지만 그날처럼 절실하지는 않았다.

아주냉동 공장은 매질이 일상이었다. 군복 입은 선임 노동자가 아침에 출근을 할 때마다 군기를 잡는다고 줄을 세워놓고 한 판씩 때렸다. 퇴근할 때도 까닭 없이 몽둥이찜을 했다. 점심을 먹고 나면 소년공들끼리 싸움을 시켰다. 삼계국민학교에서 담임선생님이 하던 모습과 똑같았다.

낮에는 문이 잠기고, 아침저녁으로 맞는 공장을 나는 그만 다녔으면 싶었다. 그렇다고 새로운 공장에 가기는 또 두려웠다. 그때 그 생각이 울컥 들었던 것이다. 난생처음으로, 중학교에 한번 가봐야 되는 것 아닌가, 하는 신념 같은 게 머리꼭지를 찔렀다. 아주냉동에는 야간에 공민학교를 다니는 교복 입은 사람이 한 명 있었다. 일전에도 그 사람을 보면서 나도 야간을 다녀볼까, 했는데 아버지가 말렸다. 공부해봤자 아무 소용이 없다고. 필시 당신의 삶 때문에 그러하였으리라. 얼마 지나지 않아 그 공장이 또 망했고 나는 진학을 꿈만 꾸다가 다른 공장으로 떠나야 했다.

　어쨌든 그 공장 마당에서 담장 밖에 흐드러지게 핀 진달래를 보았다. 나는 그 진달래를 따라가서 학생이고 싶었다. 어떻게든 어서 이 처지를 탈출하고 싶었던 것이다. 실은 그게 공부든, 무엇이든 상관없었다.

굽은 팔

○　　　역시 다섯 번째 공장도 아버지가 추천해주었다. 야구 글러
브와 스키 장갑을 만드는 대양실업이었다. 아주냉동 바로 뒤쪽 상대
원동에 있는 그 공장은 이전에 비해 제법 체계가 잡혀 있었다. 직원
도 2~3백 명 정도였다. 잠깐 시다 생활을 거쳐 빠른 속도로 프레스
공이 되었다. 다들 내 손재주가 괜찮다고 평가했고, 비로소 기능공이
될 수 있었던 것이다. 열다섯 살에 프레스를 잡으면서 나는 월급 1만
3천 원을 받았다. 내가 곁눈질로 겨우 기술을 배운 선임 기술자는 한
쪽 손의 손가락이 두 개였다. 인상이 험하고 그만큼 폭력적이었고 여
공들을 자주 괴롭혔다. 그는 국민학교를 나왔고, 군대를 가기 전이었
으니 고작 열여덟, 열아홉이었다. 하긴 군대를 갈 수도 없었다. 그 나
이에 벌써 양손 손가락이 합쳐서 일곱 개뿐이었으니 말이다.

가죽 원단은 소 반 마리 크기였다. 소 등짝의 한쪽 면이라고 보면 된다. 원단은 트럭으로 1~2백 장 정도를 실어왔다. 대양실업은 단일 제품을 만들었으므로 쓸 수 있는 것과 못 쓰는 것, 두 종류뿐이었다. 품질관리도 철저해서 작은 흠집만 나도 불량처리를 했다. 수출용품이라서 상당히 비싼 글러브였다. 아직 국내에서 야구 글러브는 일반에 널리 보급되지 않은 상황이었다. 공장 다니는 노동자들 중에서 글러브가 어디로 수출되는지 아는 이는 아무도 없었다. 나도 마찬가지였다.

나는 가죽을 옮기고 쌓고 프레스실로 올리고 절단하면 차곡차곡 담아서 2층에 가져다주는 시다 생활을 짧게 했다. 시다를 하는 동안 쉬는 시간이나 빈 시간에 몰래몰래 작업을 해보았다. 기계도 궁금했지만 그보다 어서 배워야 기술자가 되어서 월급을 더 받을 수 있었으니까.

마침 유압 프레스가 들어왔을 때인데 새 기계는 선임들 몫이었고 나는 기계식을 맡았다. 페달을 밟으면 쿵하고 떨어지는 단두대와 같은 원리였다. 프레스는 손을 넣다 빼면서 동시에 페달을 밟아서 쇠가 떨어진 뒤 올라가면 다시 맞춰서 하고 재빠르게 손을 빼야 한다. 이 박자가 조금만 어긋나도 손이 잘리고 만다. 간밤에 술을 많이 먹었다면 그만큼 위험이 많았고, 그런 경우에 실제로 사고가 많이 일어났다.

가죽 공장 재단공은 두 부류가 있다. 칼 재단공은 원단을 펼쳐놓고 모양을 그려내는 작업을 한다. 이 과정에서 다치는 일이 흔히 발생한다. 아주 빠른 속도로 작업을 해야 하니까. 이걸 대체하는 게 프레스, 곧 철형이다. 작업대 밑에는 칼날이 펼쳐져 있다. 철형 위에 손을 올린 상태에서 자칫 잘못 놀리면 순식간에 손이 글러브가 되고 만다.

작업 공정을 간단히 순서대로 말하면 이렇다. 철형을 찍은 다음에 가죽을 위치로 옮기고 철형을 옮겨 다시 모양을 맞춰놓고 발로 밟고 올라간 다음에 뽑아내는 과정이다. 찍어내는 형태가 다양하므로 종이를 옮긴 다음에 철형을 다시 맞춰놓고 빼면서 동시에 누른다. 이런 저런 모양이 있으니 철형을 들고 다니면서 작업을 한다. 수시로 바꿔서 칸이 안 맞으면 작은 철형을 놓고 하다가 큰 철형으로 찍다가 여분이 생기면 가죽 크기에 맞춰 철형을 바꿔야 한다. 글러브 사이즈도 다르고 작은 것, 큰 것이 있어서 바꿔야 하니까 고정적으로 하기는 어렵다. 그래야 이른바 자투리가 줄어드는 것이다.

내가 초급 기능공 단계까지 갔을 때 프레스가 내 손목 관절을 으깨면서 골절이 일어났다. 다행히 손목 전체가 통째로 찍힌 게 아니라 바깥쪽 부분이 눌렸다. 나이도 어린데다 재빠른 편이었고 술을 먹는 사람도 아니었기 때문에 가능했다. 엄밀하게는 프레스가 내려와서 손목을 분쇄시키는 걸, 내가 알고 뺀 게 아니라 손이 빠져나오는 중에 짓눌렸다고 봐야 한다. 0.1초라도 늦었더라면 나는 손 하나가 없거나 손목을 쓸 수 없게 되었을 것이다.

치료는 하지 않았다. 그냥 붓는 정도라고 생각했다. 조금 다치는 일은 너무도 일상적인 일이니까. 안 잘렸고 그냥 아픈 정도를 가지고

병이라고 말하는 건 사치이거나 허영이거나 엄살, 셋 중에 하나였다. 뼈가 잘못 되었을 거라는 생각은 미처 하지 못했다. 의학지식도, 산업재해에 대한 생각도 전무했으니까. 아파도 일하는 건 당연한 것이었다. 죽지 않으면 일한다. 첫 사고 때도 팔을 매고 일을 하질 않았던가. 내 아픈 팔목을 달랠 수 있는 유일한 말이었다. 뼈가 으스러져 통증이 가실 리가 없는데도 나는 그냥 일을 했다. 하지만 결국 그토록 기능공이 되고 싶어 올랐던 프레스 작업대를 떠나 2층 포장반으로 옮겨야 했다. 프레스는 손을 계속 들고 있어야 했으므로 통증이 배가 되었던 것이다.

공장 2층 들머리부터 미싱공들이 네 줄로 앉아서 바느질을 했다. 70명가량 되는 미싱사 모두가 여성이었다. 커다란 미싱 바늘이 손가락에 꽂히는 것도 여러 번 봤다. 바늘은 손가락에 박히면서 대개가 부러졌다. 사람들은 바늘이 뼈를 뚫지는 못한다고 했지만, 바늘은 수직으로는 강하지만 옆으로 힘이 가해지면 부러지도록 설계되어 있다는 자료를 본 적이 있다. 살을 뚫고 들어간 바늘은 손으로 뺄 수 있었지만 뼈에 박힌 바늘은 펜치로 잡아서 뽑아내야 했다. 10대 중반 소녀들은 바늘을 뺀 뒤 바로 미싱 앞에 앉았다. 방금 전 아무 일도 없었다는 듯이.

가죽 글러브를 바늘로 박고 뒤집고 안에 내피를 넣고 또 뒤집는 작업을 손으로 해야 했다. 딱딱한 가죽을 부드럽게 하는 걸 아이롱 작업이라고 한다. 스키 장갑이나 야구 글러브를 열로 펴는 작업이었다.

겨울에는 작업하기 나쁘지 않은데 여름에는 죽을 지경이었다. 생가죽 냄새 또한 대단했다. 이윽고 품질검사를 하고 포장한 것은 짊어지고 1층으로 내려가서 상차하면 작업이 끝났다.

내 손을 거쳐간 야구 글러브나 스키 장갑이 몇 개인지 나는 아직도 모른다. 프레스로 하루 동안 찍어낸 것만 해도 많을 때는 천 단위를 훌쩍 넘었다. 하긴 그 공장을 떠날 때까지도 나는 스키 장갑을 만들면서도 스키가 무엇인지 몰랐다. 내가 알고 있던 겨울놀이는 비료부대를 타고 언덕에서 미끄럼을 타는 게 전부였다.

문제는 열여섯 살 무렵, 한 해 동안 키가 15센티미터쯤 자라면서 일어났다. 키와 함께 손목도 굵어졌던 것이다. 왼손 손등으로 내려오는 뼈 두 개 중 바깥쪽은 자라지 않고 안쪽 뼈만 자라면서 통증이 심해졌고 손목이 뒤틀리기 시작했다. 관절이 으스러진 부분은 성장판이 깨지고 말았던 것이다.

몇 년 뒤 징병검사장에서 엑스레이를 찍어본 군의관이 정확히 이렇게 말했다.

"이 새끼, 개판이구만."

그렇게 내 팔은 손목 관절과 함께 개판으로 굽어버리고 말았다.

한쪽 관절이 아예 없어서 근육으로 버티고 있을 뿐이니 아파서 팔 운동을 하기도 쉽지 않다. 나는 한 손으로 넥타이를 매야 한다. 한쪽 손목뼈가 없으므로.

아이스크림 권투

○   대양실업 점심시간에는 일주일에 한두 번 권투시합이 열렸
다. 시합장은 재단실 옆 창고였다. 선임들은 점심을 먹은 소년공 시다
들을 불러다놓고 싸움을 붙였다. 글러브를 낀 주먹을 맞으면 맨주먹
보다 훨씬 더 충격이 컸다. 머리가 떵하고 통증이 오래 가시지 않았다.
선임들은 그걸 보면서 브라보콘 내기를 걸었다. 시합을 해야 하는 소
년공들도 돈을 내고 붙어야 하는 이상한 판이었다. 글러브를 끼고 시
합해본 적이 없는 나는 덩치가 작은 놈한테 밀려 맨날 물러서기 일쑤
였다. 설령 연습할 기회가 있었다 해도 굽은 팔로 시합을 한다는 건
턱없는 짓이었다. 어쨌든 그때는 프로레슬링과 권투의 시대였다.

   해태제과 브라보콘 한 개 값이 1백 원쯤 하던 때다. 이긴 쪽 선임은
아이스크림 한 개를 먹었고 내 상대와 나에게도 강제로 먹였다. 돈을

내라는 것이었다. 지면 세 개 값을 내야 했다. 이기든 지든 나는 먹지 않으려고 버둥거렸다. 아이스크림이 싫어서가 아니라 돈이 없었던 것이다. 한 달 용돈이 고작 50원이었으므로, 나는 아예 돈을 쓰지 않고 공장을 다니고 있었다. 아이스크림 세 개 값이면 고스란히 내 일당이었다. 대양실업에 들어와서 처음 받은 월급이 9천 원이었다. 그때마다 나는 어서 공장을 떠나야겠다고 거듭 다짐하였다.

공장 관리자는 눈이 약간 튀어나온 홍 아무개 대리였다. 그는 위세가 대단했다. 그가 어떻게 해서 저렇게 높은 자리에 올라갔나 하고 나름대로 뒷조사를 해보니 짚이는 답이 고졸이었다. 그래서 선임들에게 매 맞지 않고 강제 권투시합 따위를 하지 않고 관리자라도 되는 길은 일단 고졸 자격이라고 딴에 분석을 하였다.

나는 마침내 검정고시학원에 등록했다. 20원 안팎인 차비가 아까워서 공장에서 3킬로미터 떨어진 거리를 늘 걸어 다녔다. 네 번째 공장에서는 꿈꾸기만 했던 것을 다섯 번째 공장인 대양실업을 다니면서 실행에 옮긴 것이다. 1978년이었다. 검정고시 시험은 4월 초와 8월 초에 있었다. 종합학원은 4월 시험이 끝나자마자 강의가 시작되었다. 나는 4월 29일에 갔으니 한 달 가까이 진도가 나간 상황이었다. 하는 수 없이 영어 빼고 다른 과목에만 매달렸다. 과목별로 40점을 넘어야 했고, 전 과목 평균 60점 이상이어야 했다. 영어는 과락이 당연한 상황이었다. 그때 영어강사가 가르쳐준 것이 8월 5일인가 7일에 치른 실제 시험에서 대단한 위력을 발휘했다. 그건 그냥 직관에 의존하는 것이었다. 그는 4지선다형은 '다'가 답이 많다고 했다. 물론 아무 근거도 없었다. 확률로 보자면 25점이 되어야 했는데 나는 42.5를 맞았다. 그 이유를 지금도 알 수가 없다. ABC도 모르던 나로서는 극히 우수한 성적이었다. 나는 전 과목 평균 67.5로 합격했다. 분명한 건 시험이 억지 권투보다는 해볼 만했다는 것이다. 어쨌든 나는 이제 중학교 졸업자 자격이 있는 사람이 되었다.

검정고시 종합반 학원비는 1만 원 정도로, 프레스공이 된 뒤 1만 5천 원 정도를 받았으니 월급 대부분이 공부에 들어간 셈이었다. 아버지 또한 반대를 하지 않았다. 내가 번 돈으로 다닌 학원이었지만 집안 형편으로 봐서는 정말 너그럽게 이해하고 받아주었다고 하는 게 맞다. 대학입학 자격 검정고시는 오리엔트 시계공장을 다니던 1980년 4월 합격했다.

고입 검정고시를 마친 뒤 처음으로 집에서 좀 쉬었다. 대양실업이 망했기 때문이다. 퇴직금 받은 기억은 없는 걸로 봐서 공장을 1년 넘게 다닌 것 같지는 않다. 퇴직금을 주지 않았을 수도 있다. 그런 게 있다는 건 오리엔트 시계공장에 가서 알았으니까. 그때까지도 나는 이재명이 아니었다. 대양실업을 다니는 동안 내내 나는 법적으로는 이재선, 곧 셋째형이었다.

내 생에 봄날은 없다

○   열일곱 살에 나는 시계공이었다.

오리엔트 시계공장은 성수동에 있다가 성남 상대원동 3공단으로 내려왔다. 일본 시티즌 시계의 한국판이라고 할 수 있는데, 제품 이름은 회사 이름과 같은 '오리엔트'였다. 알맹이 대부분은 시티즌에서 만들었고, 성남 공장에서는 케이스와 문자판, 줄 그리고 시침, 분침, 초침을 제작했다. 오리엔트 시계는 도금이 잘 벗겨지는 편이라고들 했다. 내가 그 도금을 했다.

내가 다녔던 여섯 개 공장들은 다 상대원동에 있었다. 서로 떨어진 거리라고 해야 고작 7백미터 정도였다. 집에서 걸어서 15분, 20분이면 도착할 수 있었다. 오리엔트도 마찬가지였다. 공단에서 가장 잘 나가던 회사가 오피시OPC였고, 두 번째가 오텔코, 다음이 오리엔트 순서였다. 오리엔트 개발부는 여전히 서울 성수동에 남아 있었다.

성남 공장에는 2천 3백여 명이 다녔다. 이 공장에도 다른 사람 이름을 빌려서 들어갔다. 권영웅은 국민학교 친구였는데, 나보다 나이가 많아서 이름을 가져다 쓸 수 있었다. 나는 아직도 소년공이었고 나는 아직도 이재명이 아니었다. 내가 비로소 온전히 내 이름으로 공장을 다닌 건 오리엔트 시계공장을 1년 다닌 뒤 생애 처음 퇴직금을 받고 잠시 쉬다가 다시 들어갔을 때였다.

돌을 깎아내는 저석공을 한 해 정도 했다. 그 저석실에서 대입 검정고시 공부를 하려고 몇 번 시도했지만 여의치 않았다. 공부 때문에 야근을 하지 않으니까 미움을 샀던 것이다. 가장 많이 들은 말은 "공부한다고 출세할 줄 아냐"는 악담이었다. 윤씨 성을 가진 저석실 책임자는 공장에서 '직장'이라고 불렸다. 그는 내가 책 읽는 걸 혐오했다. 공장 생활하면서 깨달은 것이지만, 동료들과 다른 생활이나 꿈을 갖는다는 건 쉽지 않은 일이었다. 공돌이는 그냥 공돌이여야 했다. 내게 수시로 악담을 퍼붓곤 했던 직장 윤씨는 내가 공장을 떠나기 전에 스스로 목숨을 끊었다. 소년공이나 너무 가난한 사람들은 꿈이 없는 게 아니라 꿈을 꾸는 법을 알지 못했다. 끊임없는 좌절은 자기 저주를 뼈에 새기게 했던 것이다.

나는 그가 죽었다는 소식을 듣던 날도 저석실에서 그라인딩을 했다. 판을 깎아냈으니 이제 문양을 넣고 전기 도금을 하고 스프레이를 뿌린 뒤 식자를 붙이면 문자판이 완성된다. 그 시계공이 만든 팔목시

계를 차고 학생들은 등교를 할 것이고, 회사원들은 퇴근을, 공장에서
는 노동 시간을 재고 있을 것이었다. 그날 저석실에서 나는 더 많은
판을 갈아냈다. 아마도 눈물이 거기 떨어져서 윤활 역할을 했는지도
모르겠다. 그토록 나를 미워하던 사람이 죽었다는데 눈물이 그치지
않고 흘러내렸다.

시계 문자판을 보면 문득문득 그 시절 생각이 돋아난다. 윤씨도 떠
오르고, 무심결에 다른 사람의 시계를 보며 싸구려 문자판인지 가려
내고 있는 나를 발견하곤 한다. 문자판 문양이 위치마다 다른 것이
세심한 공정을 거친 것이라 비싼 시계라고 보면 된다. 라디오와 TV
에서 줄창 선전하던 '오리엔트 자가 포커스가 9시를 알려드립니다'
공정에 내가 있었다. 포커스실 조립 라인은 따로 있었다. 서민들까지
본격적으로 손목시계를 차기 시작한 시기였다.

나는 시계 없는 시계공이었는데 공장에서 받아서 처음 차보았다.
상여금 대신 지급된 은색 시계였다. 공장도 가격이기는 했지만 팔리
지 않는 제품이었다. 돈 대신에 팔 수도 먹을 수도 없는 시계를 받아
야 했던 것이다. 내가 누구에겐가 선물을 처음 준 것도 손목시계였
다. 대개 새로 개발한 기종 중 판매에 실패한 게 노동자들 몫이었다.
이런 수준의 시계는 전당포에서도 잡아주지 않았다. 방수도 안 되는
시계는 안 받는다는 식이었다. 시티즌은 뒤를 잠그는 방식인데 오리
엔트는 고무링를 끼우고 누르는 방식이라서 방수가 떨어지는 편이었

다. 시계를 받는다는 건 월급이나 상여금이 줄었다는 뜻이었다.

내가 락카실을 자원한 건 공부를 하기 위해서였다. 도금실 마지막 단계인, 먼지 한 점 없는 청정 지역이었다. 근무시간에도 허가 없이는 문을 열 수 없는 완전히 밀폐된 이중문 안쪽에서 일을 했다. 어차피 혼자 작업을 했으므로 내게 할당된 양을 서둘러 끝낸 뒤 귀퉁이에 숨어서 책을 읽을 수 있었다.

시계판 락카칠은 상당한 실력이 필요했다. 아주 적당한 양의 락카를 칠한 뒤 조심스럽게 건조시켜야 했다. 가장 중요한 건 흠결이 없어야 했고, 또 소비자가 락카칠을 했다는 걸 느낄 수 없을 정도로 섬세한 농도와 두께가 관건이었다. 시다 시절, 나는 거듭되는 실패를 통해서 거기에 도달할 수 있었다. 배합기술 또한 만만치 않았다. 가령 흰색만 해도 몇십 가지였다. 오직 경험이 아니면 이를 수 없는 경지였다. 생각과 달리 검은색 맞추기가 가장 어려웠다. 칠하기 어려운 순서를 말하자면 검은색 광택과 무광택, 흰색 광택과 무광택, 초록색 광택과 무광택을 꼽을 수 있다. 지금도 자신 있게 말하지만 나는 불량률이 낮은 편이었다. 문자판은 한 판이 40개 정도인데, 검사요원 세 명이 치밀하게 따지고 골라냈다. 빛에 비춰보고 미세한 먼지라도 있는 것을 집어냈다. 서너 개 나오는 불량품은 다시 아세톤에 넣어서 녹인 뒤 저석실에 보내어 다듬었다. 문자판 위에 식자하고 나면 조립을 한다. 분침, 시침, 초침을 넣고 잠그면 시계가 완성되었다.

락카칠은 나를 구했다. 나는 간섭 없이 일할 수 있었고 검정고시 공부에 몰입할 수 있었다. 임금도 올랐다. 대양실업 다닐 때는 일당 3백 원에서 6백 원까지 받았는데, 오리엔트 시계공장에서는 들어올 때부터 더 받았고 기능공이 되었을 때는 월급이 크게 올랐다. 실은 한국 사회 전체의 임금이 상승할 때였다. 거기를 그만둘 때 월급이 7~8만 원 정도였다.

1980년 4월 마침내 고대하던 대입 검정고시에 합격했다. 기대했던 것과 달리 축하해주는 사람 하나 없었다. 고졸 자격을 받으면 무언가 바뀌는 게 있을 줄 알았는데 나는 오리엔트 시계공장에서 여전히 락카칠을 하고 있었다. 아무도 관리자가 되라고 권하거나 그럴 가능성을 타진해오는 사람도 없었다. 그리고 서서히 팔이 비틀어지기 시작했다. 사실 저석공을 그만두고 락카실로 옮긴 것도 팔 통증이 한몫했다. 저석공은 왼손으로 물을 뿌리면서 두 손을 동시에 써야 하는 일인데 통증이 점점 심해지고 있었다. 락카공은 주로 오른손을 사용했다.

나는 죽은 저석실 직장이 퍼붓던 저주를 되뇌고 있었다.

"공부한다고 출세할 줄 아냐."

검정고시로 삶이 바뀐 건 아무것도 없었다. 나는 합격 사실을 누구에게 군이 말하지 않았다. 늘 하던 대로 밀폐된 방에서 아세톤과 석면을 들이마시며 칠을 했다. 내가 고민하고 있는 동안에도 방 안에서 아세톤은 증발하고 있었다. 세정통에 들어 있는 아세톤은 몇 시간 지나면 반으로 줄어들 만큼 휘발성이 강했다. 락카칠을 할 때도 마찬가지로 휘발유는 피할 수 없었다. 마스크는 쓰지 못하도록 되어 있었다. 문자판의 락카칠을 벗겨내고 씻는 것까지 내 업무였다. 맨손으로 작업을 하다 보니 손톱이 녹아내렸다. 아세톤이 매니큐어 지우는 것이라는 걸 안 건 아주 나중 일이었다. 대개 사내들은 여자친구가 매니큐어 지우는 냄새로 아세톤을 접하는데 나는 그걸 공장에서 일상으로 흡입했다. 벤졸도 내 곁을 떠나지 않았다. 문자판에 심는 식자 구멍이 막히면 초음파 공정으로 뚫었는데 그때 벤졸을 이용했다. 초음파실에서는 초음파의 힘으로 벤졸이 끓고 있었다. 이윽고 코가 비틀어지고 한쪽 코로는 숨을 쉴 수 없게 되었다. 비중격만곡증이었다.

언젠가 열다섯 살 소년 문송면이 온도계 공장에서 수은중독으로 죽었다고 했을 때, 나는 그다지 크게 놀라지 않았다. 우리(이때는 반드시 '우리'라고 해야 한다)는 일상적으로 겪고 있는 일이었으니까. 내 옆에서 사람들은 수시로 잘리고, 수시로 병들고, 수시로 자살하고 있었다.

그리하여 나는 냄새를 잃어버렸다. 오른쪽 코가 으스러졌던 것이다. 그 뒤로 내게는 봄이 오지 않았다. 꽃이 피어도 향기를 맡을 수 없게 되었다. 나는 냄새 못 맡는 남자가 되었다.

한번은 아내와 향기 때문에 다툰 적도 있었다. 아내가 복숭아를 깎아왔는데 나는 맛난 것을 사오지 그랬느냐고 핀잔을 주었다. 입으로는 맛을 느끼는데 어릴 적부터 좋아하던 복숭아 냄새가 나지 않았던 것이다. 이제 와서 하는 고백이지만, 나는 대학에 들어간 뒤에야 공장시절 가까이 했던 게 치명적인 유해물질이라는 걸 알았다. 오른쪽으로 틀어진 코를 바로잡은 수술은 시장이 된 뒤에야 했다. 의사는 후각세포 55퍼센트 이상이 괴사되었다고 말해주었다.

후각이 둔해져서 좋은 점이 한 가지 있다. 곁에 있는 사람에게서 혹시라도 날지 모르는 냄새를 맡지 못한다는 점이다. 그렇다고 권력의 악취를 못 맡는 것은 아니다. 그건 코가 아니라 사회적 후각을 필요로 하는 까닭이다.

내 청춘의 소녀, 내 인생의 명곡

○　　오리엔트 시계공장 2층 도금실 맞은편 조립실에는 머리카락이 긴 소녀가 일하고 있었다. 성은 최씨였고 이름은 몰랐다. 공장 앞에서 자취를 하고 있다고들 했다. 나는 공장에서 멀지 않은 레코드 가게에서 베토벤 교향곡 제5번 〈운명〉을 카세트테이프에 복사해왔다. 그 무렵 널리 유행하던 연애감정을 담는 표현방식이었다. 소녀에게 전하기 위해 한 해 동안 가방과 주머니에 넣고 다닌 테이프는 이내 플라스틱 케이스에 금이 가고 쪽지는 닳아 해지고 말았다. 나는 끝내 말 한마디 붙여보지 못한 채 공장을 떠났던 것이다. 나는 '팔병신' 소년이었다. 〈운명〉을 골랐던 것은 아무 이유도 없었다. 모두에게 가장 유명한 곡이었고, 그건 내 소년기 최고의 허영이었다.

대학에 가기 위해 성남 인현독서실에서 독학을 할 때 밤늦게까지 함께 공부하던 여학생이 있었다. 여고생이었다. 그 소녀는 여공이 아니었다. 서로 눈에 잘 띄는 자리에 앉아서 책을 보았는데 독서실을 그만 다닐 때까지 인사조차 나누지 못했다. 늦은 밤 독서실 자리를 정리하고 나가는 소녀의 뒷모습을 보면서 나는 혼잣속으로 흥얼거렸다. 유행가 〈밤에 떠난 여인〉을. 고무공장 다닐 때 철야를 하면서 강원도 출신 소년공에게 배운 노래다. 대학에 들어간 뒤 우연히 버스에서 그 소녀를 마주쳤을 때도 마찬가지였다. 나는 부끄럽고 수줍어서 말 한마디 못하는 청년이었다. 내 팔은 여전히 굽어 있었다.

오리엔트 시계공장 직원 야유회 때 처음으로 남이섬에 가보았다. 강도, 섬도 처음이었다. 다 처음이었다. 그게 친일파와 관련 있는 관광시설이라는 것 따위는 짐작은커녕 상상조차 해보지 못했다. 내게 당시 그런 역사의식은 없었다. 거기서 양은그릇이 차례로 작게 포개지는 코펠을 처음 보았고, 돼지고기를 맘껏 넣어서 볶아 먹어보았다. 함께 동그랗게 둘러앉아 박수를 치면서 부른 노래는 혜은이의 〈제3한강교〉였다. 필시 먼저 노래를 배운 뒤에야 제3한강교(한남대교)를 건너봤을 게다. 그 다리가 강남 개발의 열풍을 불러왔고 이내 우리 식구들 운명과 깊게 엮인 성남에 결정적 영향을 끼쳤다는 걸 안 건 까마득한 뒷날이다.

내 인생의 명곡들을 들을 때면, 내 청춘의 소녀들은 늙지 않은 채 여전히 거기 있다.

경주 이씨 국당공파
41대손 재在 자 돌림 청소 연보

o   성남에 올 때 어머니, 동생 둘, 셋째형과 내가 동행했다. 누나는 벌써 시집을 갔고 큰형은 외지에 나가 있었고 둘째형은 아버지를 따라서 2년 전에 먼저 올라와 있었다.

큰형은 중학교를 중퇴하고 여기저기 떠돌다가 탄광 광부를 했다. 여전히 강원도 태백에 살고 있다. 건설노동자로 전국을 다니면서 일했는데 몇 년 전 추락사고를 당해서 왼쪽 다리를 절단해야 했다. 형수가 세차하면서 살고 있다. 딸만 셋이다.

누나는 시골에서 농사를 짓다가 지금은 성남에서 요양보호사로 어렵게 살고 있다. 아들만 셋이다.

둘째형은 상일가구에서 페인트공으로 오래 일했다. 공장이 문을 닫은 뒤 가구 하청일을 하다가 그 또한 망했다. 지금은 성남에서 청소용역회사에 다닌다. 자식은 아들딸 하나씩이다.

셋째형은 고향에서 중학교까지 다녔고 올라와서 정수직업훈련원에서 중장비 기술을 익혔다. 지금 그 학교는 한국폴리텍대학으로 바뀌었다. 서울 사당동에 있던 건설회사에서 일했다. 내가 대학에 들어가서 등록금이 면제되고, 다달이 생활비로 지급받은 돈으로 셋째형을 설득해서 대학입시 준비를 지원했다. 형은 노량진에 있는 대성학원에서 공부한 뒤 건국대학교에 장학생으로 입학했다. 그는 가난 탓에 그 길을 선택한 걸 두고두고 아쉬워했다. 어쨌든 셋째형도 나처럼 학력고사 점수로 생활비를 지원받은 '전두환장학금' 수혜자인 셈이다. 지금은 성남에서 회계사로 일하고 있다. 자식은 아들딸 하나씩이다. 나와 의절하고 박사모 성남지부장을 맡아 '이재명죽이기'에 골몰하고 있다.

여동생은 떼를 많이 써서 중학교까지는 들어갔지만 고등학교는 접어야 했다. 그는 우리 7형제 중 자비로 중학교를 마친 유일한 사람이다. 성남에서 협진양행이라는 봉제공장 미싱사 보조를 하면서 파업이 일어났을 때 이른바 학출(학생 출신 노동자)인 윤숙자와 함께 활동했다. 성당에서 공부하면서 일곱 살 많은 전라도 출신 노동자를 만나 혼인을 한 뒤 이윽고 야쿠르트 배달 일을 했다. 내 선거를 위해 야쿠르트 배달을 하며 고객을 설득했고, 내가 당선된 뒤에는 야쿠르트 배달이 힘들어 하기 싫었지만 "오빠가 시장되더니 좋은 데 가는 거냐?" 하는 오해를 받기 싫어 그 일을 계속하였다. 2014년 청소회사

미화원으로 일하다 새벽 화장실 청소 중 내출혈로 죽었다. 자식은 아들딸 하나씩이다.

남동생 재문이는 초등학교를 마친 뒤 중학교에 진학하지 못했다. 다른 식구들이 그러했듯, 신문배달 등을 하면서 청소년기를 보낸 그는 군포에서 용역회사에 소속된 청소부로 일하고 있다. 자식은 아들 하나다.

시장에서 유료 화장실 일과 청소로 생계를 이어온 어머니는 아버지와 함께 살던 집을 팔아서 자식들에게 조금씩 나눠준 뒤 5천만 원을 내 이름으로 한 번, 몇 년 전부터는 남동생 이름으로 바꿔서 통장에 넣어두고 살고 있다. 하루에 한 번 내게 전화하는 게 큰 즐거움인 여든일곱 살 먹은 노인이다.

아버지가 오래도록 해온 인연 때문일까. 우리 식구들은 여전히 청소 일을 가장 많이 하고 있다.

1982

나는 대학 입학식에 교복을 사 입고 갔다.
다들 그러는 줄 알았다. 어머니는 눈물을 흘렸다.
모든 눈물의 빛깔이 같은 건 아니라는 걸 나는 안다.

열 번째 이사

○　　　　우리 식구는 내가 소년공 생활을 하는 동안 정확하게 열 번
이사를 했다. 상대원동을 우리 여섯 식구, 일곱 식구는 맴돌았다.

처음 시장 골목에서는 방 한 개로 살았다. 그곳 셋방 계약 기간은
6개월이었다. 방이 두 개인 곳으로 이사 가는 데는 3년이 걸렸다. 식
구들이 벌어온 돈을 박박 긁어모아야 가능했다. 내 용돈은 한 달에
50원이었다. 그렇게 절약해서 오리엔트 시계공장에 들어가기 전에
어머니 시계를 사드릴 수 있었다.

아버지는 상대원시장 청소부였다. 청소도 하고 관리도 하고 사람
들에게 끝없이 인사도 했다. 시장에 있는 개인 가게 청소와 쓰레기도
치웠다. 동네 구석구석을 돌아다니면서 청소를 했다. 한 집에 2천 원
씩 받았다. 고물상도 했다. 우리 집 사내들은 뼈 빠지는 일은 다 했다.

어머니와 여동생은 상대원시장 화장실을 지키면서 돈을 받았다. 성남시 화장실 이용료는 소변 10원, 대변 20원이었다. 사춘기 여동생은 소녀의 손으로 오줌값을 받고 화장지를 쥐여줘야 했다. 우리 집 여인들은 욕스러운 일은 다 했다.

우리 식구는 가슴 아픈 걸 서로 말하지 않는 사이가 되어갔다. 우리 식구는 상대원시장에 의지해서 먹고살았다. 밥에서 쓰레기까지.

열 번째 이사는 상대원동 1752-2번지로 갔다. 마당이 있는 40평짜리 큰 집이었다. 드디어 세를 내주었다. 더는 쫓겨 다니지 않아도 되었다는 안도감 말고는 달리 아무 느낌도 들지 않았다. 처음으로 식구들은 정착민이 되었다. 우리 집 자리는 지금 천주교 상대원성당 마당이다.

혼자 쓸 수 있는 내 방이 생긴 건 혼인하고도 한참 뒤였다.

*성남 성호시장에 가면 지금도 돈을 받는 재래식 화장실이 있다.
*내가 처음 들어가본 아파트는 처갓집이었다. 혼인을 하겠다고 인사를 드리러 갔던 것이다. 내가 보기에 아파트는 방이 온통 안으로 몰려 있는 희한한 구조였다. 서울 송파에 있는 훼미리아파트였다. 장인은 서울시립대를 나왔고 아내의 오빠는 스탠포드 대학교를 유학 다녀왔다고 했다. 처가 식구들은 원래 박달재 옆에 살던 사람들이고 아내는 서울에서 태어나 숙명여대에서 피아노 공부를 했다. 두 아이들이 초등학교에 다닐 때 아내는 피아노를 치면서 노래를 가르쳤다. 나는 그 무렵 피아노가 있는 집 딸과 피아노를 만져본 적 없는 청년이 만났다는 걸 실감했다. 나는 내가 살아온 세상과는 딴판인 생활을 처음 겪었던 것이다.

소년 공돌이는 이름이 없다 1

o   내가 들어간 첫 공장은 이름이 없었다.

내가 들어간 두 번째 공장도 이름이 없었다.

공장 생활 동안 대부분 나는 내가 아니었다.

첫 번째 공장은 납을 연탄불에 끓여서 염산을 찍어 신주(황동)를
붙이는 목걸이 공장이었다.

두 번째 공장에서도 붕산을 찍어 땜을 했다. 어느 날 출근했을 때 공
장이 사라지고 없었다. 사장은 석 달치 임금을 주지 않고 떠나버렸다.

공장도 이름이 없었고, 나도 이름이 없었다.

개에게도 이름이 있는데 공장도, 회사도, 나도 이름이 없었다.

처음으로 이름이 있는 세 번째 공장에 입사할 때 내 이름은 앞집

사는 박승원이었다.

가게용 아이스박스를 만드는 네 번째 공장은 어찌어찌하여 내 이름으로 다녔고, 야구 글러브와 스키 장갑을 찍어내는 프레스공으로 일한 다섯 번째 공장은 셋째형 이름을 빌려서 다녔다. 공장을 그만둘 때까지는, 물론 그로부터 한참 뒤까지도 나는 스키가 무엇인지 알지 못했다.

시계공장 1년은 권영웅이라는, 나보다 나이가 많았던 국민학교 친구 이름을 빌려 들어갔다.

나머지 1년을 비로소 내 이름으로 다녔다.

조출, 특근, 야근, 철야.

아무리 시계를 만들어도 내 인생의 시간을 맞출 수가 없었다.

공장 생활 6년 동안 나는 4년을 남의 이름으로 살았다.

나는 이름조차 없던 빈민 출신 소년 공돌이였던 것이다.

소년 공돌이는 이름이 없다 2

o   첫 번째 공장에서는 납과 염산을 들이마셨다. 내 나이 열세 살이었다.

두 번째 공장에서는 붕산이.

세 번째 공장에서는 고무가 내 손가락에 박혔다. 옅은 청색 고무가루는 아직 내 몸에서 살고 있다.

네 번째 공장에서는 날카로운 함석들이 내 몸뚱이 곳곳에 자상과 흉터를 남겼다.

다섯 번째 공장에서는 팔목 뼈가 부러지면서 성장판을 잃고 이윽고 팔은 굽어버렸다.

여섯 번째 공장에서는 벤졸과 아세톤이 내 후각을 훔쳐갔다. 그리하여 나는 냄새 못 맡는 사내가 되었다.

공장 생활 6년 동안 쇠붙이와 화공약품이 내 몸에서 이름을 얻는 동안 나는 이름조차 없던 소년 공돌이였을 뿐이다.

이재명의 굽은 팔

03

나의
대학시대

나의 스승 김창구

ㅇ   공장 일이 끝난 뒤 나는 단칸셋방 앉은뱅이 재봉틀 위에서 미적분을 풀었다. 밤이면 팔목 언저리에서 이윽고 통증이 번져왔다. 팔이 아프지 않았다면 내 진로는 많이 달라졌을 게다. 공부를 다짐해야 했던 건, 중고등학교를 다니지 못한 좌절도 있었지만 팔이 비틀어져서 몸을 쓰는 일로만은 살아가기 어렵다는 판단이 든 탓이었다.

아버지는 내가 켜놓아야 하는 30촉 백열전구 탓에 깊이 잠들지 못했다. 어느 날 전구 둘레에 백지를 붙여놓고 공장에 다녀왔더니 5촉짜리 전구로 바뀌어 있었다. 아버지가 갈아 끼워놓았던 것이다. 잠도 그렇지만 전기료가 아깝다는 뜻도 들어 있었다.

새벽이면 나는 아버지 지청구를 들으면서 일어나 시장 청소를 도와야 했다. "공부······ 무슨." 아버지는 혀를 끌끌 찼다. 가난이 첫 번째 이유였고, 당신이 대학에 다니다 말았고 공부로 뜻을 이루지 못한 게 한 이유였을 게다. 나는 아버지가 끄는 청소용 손수레를 뒤에서 밀면서 어금니로 눈물을 씹어야 했다.

내 자의식은 끝없이 내게 중얼거렸다. 나는 그게 너무 힘들었다. 그냥 공장에 다니고 좀 더 열심히 해서 공장장이 되고, 나중에 프레스 같은 기계 하나를 들여놓고 작은 공장을 차려서 손가락 몇 개 더 날리고, 아이 낳고 사는 길이야말로 내게 정해진 경로였다. 내 구부러진 팔은 그걸 거부했고 나는 거기서 벗어나야 했다. 천장을 뚫고 올라가면 거기 다른 세상이 있으리란 막연한 믿음에 부응할 수 있는 건 우선 공부밖에 없었다. 그 당위성만을 유지한 채 내 공부는 나와 내 미래를 겉돌고 있었다.

사실 검정고시를 마치고도 대학에 갈 수 있으리란 뚜렷한 확신은 없었다. 본고사를 치르지 않고 입학이 가능한 건 제도였지, 그게 곧 대학을 다닐 수 있다는 걸 뜻하진 않았다. 사립대학교 등록금은 상상을 초월하는 액수였다. 10만 원쯤 받던 당시 내 월급 1년치를 합쳐도 가지 못할 판이었다. 어쨌든 최종적으로 내가 정말 대학에 갈 수 있을 것이라고 믿게 된 데에는 한 사람의 애정 어린 격려를 빼놓을 수 없다.

검정고시를 공부하면서 대학입시 단과학원인 성남 성일학원에 잠시 다닌 적이 있었다. 얼마 뒤 돈이 없어서 더 다닐 수 없다고 하자,

원장선생님은 서슴없이 무료로 다니라고 했다. 나는 그의 눈빛을 오래 바라보았다. 원장선생님이 나를 놀리는 것일 수도 있다고 생각했다. 틀림없는 건 일찍이 겪어보지 못한 이상한 경험이었다.

"재명이 너는 가능성이 있어. 너는. 조금만 더 해봐라."

입시생으로 돈을 버는 사설학원이었지만 김창구 원장선생님은 처음으로 내 머리를 쓰다듬어준 교사였다. 그는 내 동생에 대해 묻더니 그 또한 그냥 다니라고 해주었다.

"일단 공부를 해야 한다."

우리 두 형제 말고도 김 원장님은 돈 없는 여러 학생들에게 공부를 할 수 있도록 배려해주었다. 나는 김창구 원장선생님을 통해 진짜 공부를 하고 싶은 의욕을 느꼈다. 그는 나를 인정해주었고 감싸주었고, 배고픈 걸 걱정해주었고, 영어와 수학 공부를 가르쳐주었고, 무엇보다 삶이란 사랑이란 걸 일깨워주었다.

대학에 다닐 때도 나는 옛 시청 앞에 있던 학원으로 김창구 선생님을 만나러 가곤 했다. 선생님에게 가는 발걸음은 언제나 가볍고 즐거웠다. 그는 내 성장기에 유일한 은사였다. 그때도 말하곤 했다.

"너는 다른 놈이다. 널 믿어라."

나중에 사법고시에 합격해서 찾아갔을 때 나의 은사는 제자를 안더니 말없이 눈물을 흘렸다. 나는 스승의 품을 비로소 느낄 수 있었다. 나의 스승은 단과학원을 하다가 세상을 떠났고, 그가 남긴 인연은 그의 처남에게로 이어져 지금에 이르고 있다. 김창구 선생님은 나에게 세상은 사랑할 때만 가슴으로 빛을 뿜어낼 수 있다는 걸 깊이 깨우치게 해주었다.

　어떤 사람들은 고작 공짜 학원 수강에 그렇게 큰 의미를 부여할 수 있느냐고 묻기도 한다. 하지만 그건 학원비가 없어서 공부할 수 없는 검정고시생 처지를 모르는 까닭이다. 그 청년들은 단지 돈뿐만이 아니라, 따뜻한 배려와 관심은 더 받아본 적 없는 삶들이라는 걸.

바이블 말고 비블

○ 　1981학년도부터 학력고사 성적만으로도 대학에 들어갈 수 있게 되었고, 시험을 잘 보기만 하면 돈을 받으면서 대학에 다닐 수 있는 제도가 생겼다. 나는 그 소식을 듣고 도전해볼 수도 있겠다는 생각을 처음 했다. 사지선다형뿐이니까 까짓것 해볼 수 있겠다는 판단이 섰던 것이다. 주관식 본고사가 있을 때는 꿈도 못 꾸던 일이었다.

공장 일이 끝나면 답십리 신답극장 앞 삼영학원의 입시종합반에 다니기 시작했다. 성남에서 버스로 한 번에 갈 수 있는 곳은 거기뿐이었다. 신답은 내가 안동에서 청량리를 거쳐 성남에 처음 내려올 때 차를 타던 곳이기도 했다. 공부는 저녁 7시에 시작해서 10시에 끝났다. 학원은 달마다 모의고사를 봐서 전국 순위를 매겼다. 4월 5월, 두 달 정도 다니고 시험을 봤는데 대략 입시예상 대상자 65만 명 가운데

20만 등 가까이 나왔다. 공장에서 바로 학원에 가서 공부하고 버스에 오르면 애초에 품었던 뜻과 다르게 영어단어장을 든 채 잠이 들기 일쑤였다. 결국 종점인 사기막골에서 깨어나 집으로 돌아와야 했다.

돈을 받고 다닐 수 있는 대학에 들어가려면 적어도 2~3천 등 안에는 들어야 했다. 20만 등으로는 가당치 않은 일이었다. 나는 종합학원을 때려치우고 5월 말부터는 상대원 고개에 있는 2층 건물 인현 독서실에서 공부를 시작했다. 도시락을 두 개 싸가지고 다니면서 밤에도 집에 들어가지 않고 공부와 씨름했다. 막상 그렇게 해도 성적이 좀처럼 오르지 않아서 결국 공장을 그만두기로 했다.

1981년 7월, 마침내 6년을 일해오던 공장을 떠났다. 오리엔트 시계공장에서 두 번째 퇴직금을 받았고 아무도 환송하지 않았다. 오리엔트 시계 도금실에 그런 관행 따위도 없었다. 날이 유난히 후텁지근했던 것만은 지금도 생생하게 떠오른다. 내 후각과 한쪽 팔을 비틀어서 가져간 공장 지붕들이 다만 말없이 상대원동 언덕에서 뜨겁게 햇빛을 반사하고 있었다.

학력고사까지는 채 반년도 남지 않았다. 나는 들은 대로 책상에 압정을 뿌려놓고 문제집을 풀었다. 바늘로 찌르는 건 효과가 없었다. 내 허벅지를 스스로 찌를 수가 없었던 것이다. 압정 효과는 채 일주일이 가지 않았다. 공장 일을 끝내고 온 내 몸은 압정 두어 개에 찔린 채로 그대로 잠들어 있었던 것이다. 가시 달린 아까시나무 매질도 소용이 닿지 않았다. 공장을 그만두고 몸이 점차 공부에 적응하고 그에 따라 집중도가 높아지니까 그제야 시간이 늘어나는 걸 알았다. 동일한 시간에 할 수 있는 양이 늘어났다는 뜻이다. 노동 일이나 공부 일이나 일이었고 기본적으로 숙련도를 필요로 했던 것이다. 하나는 몸의 일이었고 하나는 뇌의 일이었다.

10월 말 무렵, 전국에서 1천 5백 등 안팎에 도달했다. 성적이 약간 뒤로 밀리고 정작 평소에 공부하던 것과 달리 수학문제가 어렵게 출제되었지만 애초에 목표로 했던 2천 등 안에 진입했다. 영어 과목이 거기에 크게 기여했다. 나는 주로 버스 화장실, 또 걸어 다니면서 영어단어를 외웠다. 당시 내 영어에 큰 문제가 있다는 건 전혀 알지 못했다. 문법 시험에서는 문제가 없었다. 성적도 결코 나쁘지 않았다.

사법고시 1차에 영어로 말하기 시험이 있는데 내 영어 발음을 아무도 알아듣지 못했다. 그때 비로소 내 영어에 심각한 문제가 있다는 걸 깨달았다. 나는 영어를 읽어봤지 들어본 적이 없었던 것이다. 외국 사람과 영어로 대화해볼 기회 또한 전혀 없었음은 물론이다. 성남을 오가는 버스와 화장실에서 익힌 나홀로 영어의 최후였다.

아직도 기억에 남는 단어가 몇 개 있다. 내게 '바이블'은 '비블'이었고, '아이언'은 '아이롱'이었고, '아일랜드'와 '이질랜드'가 다른 건 줄 알았다. 내게 '아일랜드'는 나라 이름, '이질랜드'는 섬을 뜻했다.

나의 광주사태, 나의 광주항쟁

○   대입 검정고시를 합격하고 난 뒤 잠시 집에서 쉬다가 같은 공장에 다시 입사했다. 이번에는 내 진짜 이름으로. 오리엔트 시계에 두 번째 입사하면서 비로소 나는 이름 없는 소년공을 벗어났다. 그 직후 광주사태가 일어났다. 나는 뉴스에 나오는 대로, 주변 사람들이 하는 말을 따라서 서슴없이 광주와 전라도를 향해 욕설을 퍼부었다. 이전부터 가지고 있던 뒤틀린 자부심이 동조하고 합세했다.

공장 생활을 하는 동안, 관리자 대부분이 경상도 출신이라는 것이 내 자부심이었다. 노동자들은 대개 전라도 출신이었고 나머지가 강원도 출신이었다. 내 주변에 충청도 출신은 거의 없었다. 비록 헐벗었지만 나는 어떻든 전라도 사람들보다는 위에 있다고 스스로 믿었다. 이유는 알 수 없었다. 우습게도 아무런 까닭도 어떤 근거도 없었다. 내 처지가 비천한데 깔볼 수 있는 대상이 있다니 거기서 희열을 느꼈던 것이다. 저 깊은 본심에서 그걸 모를 리 없었다. 군사독재권력은 이를 의도적으로 조장하면서 대중을 갈라놓고 지배하고 있었다. 나는 그 증오의 폭력에 스스로를 동원해 넣은 저열한 티케이TK였다. 하물며 나도 경북 출신인데 나는 왜 관리자가 아닐까, 하는 의문마저 품은 적이 여러 번 있었다. 나는 그 사악한 이익의 수혜자이기를 내심 바라고 있던 추악한 존재였다.

TV로 광주사태를 보면서 사람들은 전라도 새끼들은 죽어야 한다고 하며 폭도, 빨갱이라고 했다. 나도 그걸 거들며 나중에는 어떻게 하면 더 욕을 잘 할 수 있을까, 하고 고민할 지경이었다. 나는 호남 비하를 통해 완전히 왜곡된 자부심을 형성해가고 있었다. 그게 잘못되었다는 걸 깨달은 건 한참 뒤였다.

나는 1982년도에 대학에 들어갔다. 이른바 82학번이다. 나는 학생들 모두 즐겨 사용하는 '학번'이라는 말이 너무 낯설었지만 표를 내지 않았다. 그건 소년공들과는 전혀 다른 세상에 사는 청년들만이 사용하는 선민적 용어였다. 적어도 내게는 그랬다.

중앙도서관 앞에는 제법 큰 가시나무가 한 그루 서 있었다. 그 나무의 뿌리 근처부터 가지가 갈라지는 지점까지 철조망이 둘러쳐져 있었다. 대학이라는 곳에 와본 적이 없던 나는 상당히 독특한 방법으로 나무를 보호한다고 생각하면서 나무를 지나 도서관에 올라다녔다.

그해 5월이었다. 한 학생이 철조망 위에 매달려 무언가 소리를 지르고 있었다. 그가 하는 말을 미처 알아듣기도 전에 그의 손에 들려 있던 종이 여러 장이 허공으로 흩어져 날렸다. 그가 거기 머문 시간은 길어야 2~3분이었다. 곧 학교 안에 있던 전경이 달려왔고 몽둥이로 때리면서 그를 낚아채갔던 것이다. 그림 몇 장이 희미하게 그려진 그 유인물은 철필로 긁은 가리방(등사)이었다. 그는 광주 어쩌고 했고, 나는 분위기가 자유로운 대학에는 틀림없이 이상한 놈들이 많은 거라고 생각했다.

며칠 뒤였다. 중앙도서관 앞을 지나고 있을 때 누군가 밧줄을 타고 건물 유리창 바깥으로 내려오고 있었다. 햇살 좋은 오후였다. 그는 유리창닦이가 아니라 학생이었다. 학생은 허공에 매달려 구호를 외치고 유인물을 뿌렸다. 그 또한 광주 어쩌고 하면서 목 놓아 울먹이고 있었다. 곧 학생이 보이는 높이의 큰 창유리가 깨지더니 전경이 거칠게 끌고 나갔다. 왜 저토록 무모하게 뜻을 전하려 하는 것일까. 그 장면은 내게 충격이었다. 이따금 선배들에게 들은 말도 있고 해서 처음으로 '그동안 내가 속아왔나' 하는 생각이 들었다. 당시 나는 내가 알고 있던 '폭도 광주'를 다 밀어내지 못하고 있었다.

1983년이 되면서 학원민주화 활동을 통해 학도호국단이 아닌 총학생회가 등장했다. 전두환 군사독재의 유화조치로 학교에서 전경이 공식적으로는 물러났고 학자추(학원자율화추진위원회) 활동이 일상화되었다. 역시 그해 5월이었다. 나는 2학년이었다. 체육대학을 중심으로 한 ROTC들이 학생시위를 진압하고 폭력을 행사하는 과정에서 법대와 심하게 맞붙은 적이 있었다. 학교 내부 갈등을 권력이 지원하고 있었던 것이다. 그날이었을 게다. 나는 법대 학생들 앞에서 구호를 외치고 있었다. 나는 이미 광주학살 사진집을 보았고, 이윽고 비디오도 본 뒤였다.

나는 광주를 욕해온 자신을 용서할 수가 없었다. 내가 퍼부은 비하와 저주가 이번에는 나를 향해 덮쳐왔다. 2~3년 동안 학살자들의 개가 되어 살았던 게 광주 사람들에게 너무 미안했고, 전라도 장흥인가가 고향인 친구 이영진이 나에게 광주 이야기를 해주었을 때 믿지 않았던 내가 창피해서 견딜 수가 없었다. 권력과 언론에 속은 내가 억울했고 분노가 치밀었다. 그건 내 안에서 치러야 하는 광주항쟁이었다.

그해 이영진이 함께 시위와 집회를 이끌어가자는 제안을 해왔을 때 우선 공부를 좀 한 뒤 만약 법조인이 되면 판검사가 아니라 변호사가 될 것이라고 약속했다. 결국 나는 그걸 지켰다. 탈반, 전통예술 연구반 활동을 하던 이영진은 미상공회의소를 점거했다가 감옥으로 끌려갔다. 농담이지만 미국문화원 같은 데는 서울대 학생들이 다 점거하고 더 갈 곳이 없어서 상공회의소로 갔다고들 했다. 모두가 한결같이 광주학살 배후에 있는 미국에 대한 성토였다.

나는 법대 3학년 때 사법고시 1차에 합격했다가 4학년 때 2차에서 떨어지고 5학년 때(졸업한 이듬해) 최종 합격했다. 이영진은 수배 중에 찾아와서 쌀도 퍼가고 돈도 가져갔다. 이제 와서 하는 말이지만, 셋째 형수가 시집 올 때 6만 원 정도를 예단비로 줬는데 사법연수원에 다니던 나는 그걸 그 친구 손에 다 쥐여주었다. 고백하건대 그날 처음으로 마음이 편했다. 영진아, 친구들과 맛있는 것 맘껏 먹어다오, 하면서 말이다. 중앙대 탈반은 연희도 잘하고 춤도 잘 췄지만 그보다는 거의 모두 감옥에 들어갔다는 걸 나는 안다. 그 친구들이 싸우고 있다는 걸 믿지 않았다면 적어도 변호사 이재명은 태어나지 못했을 게다. 벗들이여, 몇십 년이 지났지만 정말로 미안하고 진심으로 고맙다.

그 시기를 거치면서 내성적 성향을 조금씩 벗고 있었다. 나에게 대학시절은 진짜 '나의 대학'이었다. 나는 거기서 내 삶을 발견하고 변화했다. 그때 깨달은 공리가 바로 내 삶의 원리가 되었다. 공장 다니는 동안 나는 오로지 맞지 않으려고 노력했고, 언젠가 성장한 뒤에는 나도 때려가면서 권력을 부리면서 살아야겠다고 다짐한 게 고작이었다. 그게 노예의 윤리라는 걸 완전히 깨우쳤던 것이다.

대학 4년 동안 고무신만을 고집스럽게 신었고, 입학 때 맞춘 낡은 코트와 교련복만 입고 학교에 다녔다. 옷이 그것밖에 없기도 했고, 애초에 허영과 사치가 멀기도 했지만 동료들이 감옥에 있는 동안 공부에 몰두하고 있는 주제에 죄스러운 마음도 한몫했다. 사람들이 생각하는 것과 달리, 성장기의 나는 흔히 말하는 극히 내성적인 소년이자 청년이었다.

성남에서 시민운동하다 구속되고 나온 뒤였다. 함께 활동하던 가정의학과 의사 백기준 선생이 심심풀이 삼아 내 성격 분석을 한 적이 있었다. 분석 작업이 끝난 뒤 백 선생은 나를 끌어안고 울었다. 얼마나 힘들었냐고 하면서. 외향적이고 적극적인 성격으로 비치는 사람이 실은 내성적이고 소극적인 경우에 심리적으로 엄청나게 고생한다는 거였다. 새로운 사람을 만나거나 새로운 세계를 동경했지만, 실은 동시에 나는 그걸 한없이 두려워했던 것이다. 6년 소년공으로 성장기를 거치며 자기표현을 해볼 기회가 없었던 게 가장 큰 이유였을 게다.

훗날 여동생 재옥이 스물몇 살 무렵 혼인을 하겠다고 데리고 온 남자가 전라도 출신이었다. 식구들 몇몇이 반대했다는 걸 속이고 싶지 않다. 나는 격하게 반응했다. 무엇보다 동생이 사랑하는 사람이고 또 어릴 때부터 워낙 고생을 많이 해서 얼굴까지 비틀어진 처녀와 함께 살겠다는 것만으로도 훌륭한 사람인데 어떻게 고향이 전라도라는 게 죄가 될 수 있느냐고 흥분했다. 재옥이는 중학교를 마친 뒤 공장을 다니면서 친구를 사귀고 이른바 학출들도 만나고 하면서 사회의식 변화와 함께 지역감정 따위는 벌써 뛰어넘은 멋진 여성이었다. 그런 내 동생 재옥이가 안타깝게도 몇 해 전 먼저 세상을 떠났다.

*5월 광주는 나의 사회의식을 비로소 단련시켰고, 투박한 차림은 껍데기를 단단하게 만드는 데 도움이 되었다. 광주를 만나지 못했다면 나는 한낱 개가 되고 말았을지도 모른다. 그러므로 광주는 나의 구원이었고, 나의 스승이었고, 내 사회의식의 뿌리였다.

언제나 어머니는 거의 모든 걸 알고 있다

○   나는 사법고시 18기이고 합격 횟수로는 28회다. 합격생은 3백여 명 정도였다. 성적을 떠나서 나는 이미 판사도, 검사도 할 수 없었다. 인권 변호사를 하겠다고 주변 동료들에게 너무 설레발을 쳐놓았던 터다. 사태는 회복 불능이었다. 군사독재정권에 임명장을 받을 수 없다는 선례는 천정배 변호사가 시작했고, 사법연수원 시절인 87년과 88년은 민주화 열망이 최고조에 달한 시기였다. 시험에 수석 합격한 김선수를 비롯해서 다들 사명감이 넘쳤다. 연수원 동기인 문병호, 최원식, 정성호 들은 나를 공부 모임으로 끌어들였고 서울이 아니라 지역으로 가자고 결의를 했다. 문병호와 최원식은 부평, 정성호는 의정부, 이재명은 성남이었다. 나는 점점 더 판검사는 할 수 없는 처지가 되어갔다.

하나 더할 게 있다. 나는 검사시보를 고향 안동에서 했다. 거기서 3개월가량 진짜 검사가 되어 마약사범들을 잡으러 다녔다. 일이 아주 재미있는 게, 아무래도 유능한 검사가 될 것만 같았다. 국가 권력을 대리 수행하는 직무에 빠져 가혹한 삶을 살 것 같은 우려가 들었다. 그게 권력일 것이었다. 내 성미에 비해 판사는 수동적으로 보였다. 이 경험은 내가 한낱 시험으로 얻은 엘리트 권력에 대한 깊은 성찰을 하게끔 하는 중요한 계기가 되었다. 내가 과연 그런 판단을 내리는 자격이 있는 것일까, 하는 의심이 스스로 들었던 것이다.

막상 마음을 돌려먹자 변호사를 해서 과연 생계를 유지할 수 있을까 진짜 고민이 되었다. 스물여덟 살에 바로 개업하면 사태는 심각했다. 그때 자신감을 심어준 게 노무현 변호사였다. 변호사는 굶지 않는다, 나는 그 말을 믿어야 했고 크게 영향을 받아서 변호사의 길을 선택할 수 있었다.

판검사 6개월이나 1년만 해도 전관예우가 있던 시절이었다. 변호사 사무실 얻는 것쯤이야 그걸로 해결될 수도 있었다. 그런 기득권을 가지면 전투력이 떨어진다는 선량한 동료들과 동행해서 나는 기꺼이 판검사직을 접어버렸다. 사법고시 성적은 중간쯤이었고 연수원 성적은 상위권이었으므로 둘을 합산해서 나는 3할 안에 드는 성적이었다. 대략 150명 정도가 판사에 임명되었으니 자격은 충분했다.

남은 것은 식구들 설득이었다. 내가 사법고시 2차에 합격했을 때 아버지는 두 번째 위암수술을 받고 누워 있었다. 아재뻘되는 먼 친척이 병문안을 왔을 때 아버지 목소리가 밖에 들렸다.

"내가 그놈을 법대에 보낸 거야."

내가 하는 공부에 대해 아버지가 처음 자랑스럽게 한 말이었다. 중앙대학교에 간 것도, 법대에 간 것도, 사법고시로 방향을 잡은 것도 아버지가 한 말과는 달리 아무와도 상의 없이 내가 결정한 것이었다. 공부에 관한 한 나는 아버지와 틀어져 있었다. 재봉틀 위에서 공부할 때 30촉 전구를 빼버린 날부터였을 게다. 검정고시생이라서 학력고사 점수표를 확인하러 수원에 있는 경기도교육청에 가겠다고 했을 때 "내일 내가 수원에 갈 일이 있으니 그때 받아오겠다"고 하며 차비를 아까워하던 아버지였다. 나는 말을 거역하고 다녀왔고 아버지가 크게 역정을 내어서 결국 성적을 말할 기회를 놓쳐버리고 말았다. 나는 슬기롭지 않게 아버지에게서 멀어지고 있었던 것이다.

아버지 또한 심히 마음 상해했음을 어찌 몰랐겠는가. 아버지가 마음속에서 품어왔던 아들 장래에 대한 걱정과 기대가 병실 문 앞에서 문득 밀물치면서 나를 사무치게 반성하게 했다. 내가 안으로 들어서자 아버지는 다시금 말했다.

"내가 저놈을 법대에 보냈다고."

나는 조용히 고개를 끄덕였다. '맞아요, 아버지. 아버지가 보냈어요.'

이것이 사실과 진실의 차이라는 걸 나는 아는 나이가 되었다.

아버지는 최종 합격 소식을 제대로 듣지 못하고 세상을 하직했다.

3차 합격날은 내 생일 생시와 일력과 일시가 같았다. 정녕 운명이었다. 음력 10월 23일 오후 3시 조금 넘은 시각이었다. 나는 4시쯤에 출생했다. 이미 의식을 잃은 아버지에게 3차 합격을 했다고 거듭 말을 올렸지만 알아들었는지는 알 길이 없다. 평생을 빈한하게 살면서 공부로 성공하지 못하면 도리어 그게 자식에게 상처가 될까 봐 말려야 했던, 초라했으나 깊은 애정을 드러내지 못하고 살았던 아버지였다. 끝내 아버지는 아무런 소박한 영광도 누려보지 못한 채 모든 삶을 쏟아서 겨우 비탈에 집 한 채 남겨두고 우리 식구 곁을 떠나갔다.

언젠가 나는 서울대 법대를 4학년 때 그만두고 소설가가 된 최인훈이 《광장》 출간 50주년 기념 인터뷰에서 한 말을 기억한다. 1백 살 가까운 아버지를 모시고 사는데 지금도 아들더러 왜 판사를 안 했느냐고 꾸지람을 한다는 거였다. 옛 부모들에게는 판검사를 해야지 훌륭한 소설가 따위는 아무것도 아닌 거였다. 나의 어머니라고 다를 리 없었다.

어머니에게 자식인 내가 사회운동을 해야 하기 때문에 변호사를 하겠다고 말할 수는 없었다. 나는 단순하게 업무처리하듯 설명하기로 했다.

"성적 부족이라서 변호사를 하기로 했어요."

어머니는 달리 어떤 이의도 없었다. 몇 년이 지나고 버티기가 힘들어서 가끔 판검사를 한 해라도 하고 나올걸, 하는 푸념을 하곤 할 때다. 그제야 나는 어머니에게 이실직고를 할 수 있었다. 그러자 돌아온 어머니 대답이 놀라웠다.

"알고 있었어."

내가 나에게 추천하는 도서목록

○   대학교 2학년 때였을 게다. 아니다. 대학 3학년 때였을 게다. 아니다. 대학 4학년 때였을 게다.《태백산맥》은 그렇게 해를 거듭하며 출판되었다. 새로 찍혀 나올 때마다 나는《태백산맥》을 품어 읽었다. 그때마다 내 가슴에서 산맥 하나가 불쑥불쑥 자라났다. 광주항쟁과 더불어《태백산맥》은 내 삶을 바꾸는 데 커다란 영향을 끼쳤다. 호남 정서 또한 유장하게 이해하게 되었다.《태백산맥》의 언어에 들어 있는 가락과 정감을 익히고자 나는 몇 번이고 자꾸 산맥을 품곤했다. 분단쯤이야 산맥으로 넘고 넘어가고 있었다.

《아홉 켤레의 구두로 남은 사내》는 내게 문학이라기보다 향토지였다. 내가 성장하고 일하고 공부하던 곳, 바로 광주대단지사건, 곧 성남 탄생에 관한, 버림받은 이들에 대한 이야기였으므로. 같은 작가가 쓴 《완장》에서는 계급장이 주어지면 사람이란 존재가 얼마나 괴물로 변할 수 있는지를 보았다. 이 책은 변호사를 거쳐 시장을 하는 나에게 완장을 차지 않은 존재로 스스로를 돌아보게 하는 수신서다.

《만인보》는 읽는 책이 아니라 만나는 책이다. 거기에는 내가 만난, 만나야 하는, 만날 수 없는 숱한 내가 들어 있었다. 아무것도 아닌 시장 푸성귀 같은 하찮은 인간들이 행간 사이에서 나를 불렀고, 책 밖으로 나와 벗이 되어주었다. 이름 없는 것들이 이름을 얻는다는 건 시장에서 파는 숟가락이 어느 집으로 들어와 제 몫이 생기는 일과 같다. 밥에도 이름이 있고 숟가락도, 한낱 푸성귀 같은 존재들도 《만인보》에서 비로소 이름을 얻었던 것이다. 나는 《만인보》에서 문학을 통한 진짜 민주주의와 만났다.

《태백산맥》《아홉 켤레의 구두로 남은 사내》《만인보》는 내가 나에게 추천하는 목록이다. 문학은 정녕 나를 나로 있게 하는, 망가진 세상을 인간으로 품게 하는, 패배와 굴욕에서조차 빛을 찾아내는 지혜요, 등대다. 오늘도 나는 등대에 불을 켠다.

나에게도 여행이 있었다

o   양구에서 인제로 넘어가는 비포장 고갯길을 달빛 따라서 넘어본 적이 있는가. 내 나이 스무 살 도보여행을 나섰다. 요새는 고개가 하도 비탈져서 터널이 생겼지만 밤에 그 고개를 넘은 사람은 필시 소도둑놈이 아니면 없었을 것이다. 대학 1학년 여름방학이라는 객기가 아니었다면 도무지 시도해볼 일이 아니었다. 나는 거기에서 원효를 만났거나 차안과 피안이 같다는 걸 깨달았거나 미쳤거나 그중 하나였다. 그 고개, 광치고개에서 말이다.

그 여행길에 공장도 검정고시 공부도 대학도 같은 데를 들어간 친구 심정운이 동행했다. 한 길을 서슴없이 함께한 걸로 봐서 그 또한 제정신은 아니었던 것 같다. 나는 법학과, 친구는 전기공학과였다. 태어나서 첫 여행이었다. 그렇다. 내게도 여행이 있었다고 말할 수 있는 제법 긴 여행이었다. 소양강을 건너는 배 안에서 다른 한 친구가 여기에 섞였다. 그는 우리보다 더 했다. 혼자서 자전거를 끌고 돌아다니다 지쳐서 뱃머리에 무심히 앉아 있는 이재영을 발견한 건 심정운이었다. 둘은 아는 사이였다.

셋 다 목적지가 딱히 없었다. 대략 설악산쯤에 가보자고 했다. 배는 양구에 닿았고 셋은 자전거 한 대를 바꿔 끌면서 광치고개로 향했다. 1982년이었고, 여름이었고, 날이 뜨거웠고, 셋 중 누구도 우리가 제정신이 아니라는 걸 몰랐다. 그것 말고는 다 좋았다.

양구 선착장에 내려서 광치고개 아래에 다다르니 벌써 저녁이었다. 거기 군인들이 지키는 초소가 있었다. 그게 세 명의 대학생 눈에 보이는 유일한 인간의 흔적이었다. 군인들은 우리를 검문한다기보다 어린 학생들 셋이 지나가니 대체 어디로 가느냐고 걱정스럽게 물었다. 목적지가 설악산이 된 것은 거기였다. 무엇이라 대답을 해야 했으니까.

군인들은 우선 밥은 먹여야 하지 않느냐면서 밥을 차려주었다. 작은 막사로 들어가 생애 처음 이른바 '짬밥'을 얻어먹었다. 셋이서 광치고개를 걸어서 넘으려고 한다고 하니까 다들 한심하다는 표정으로 하품을 하면서 말렸다. 이미 산중은 어둑했다. 군인들은 원래 밤에 고개 넘는 걸 통제한다고 했다. 산짐승이 나온다는 경고도 잊지 않았다. 잘 곳이 없는 곳이라서 막사에서 자고 새벽에 출발하라고 했지만 우리는 극구 뿌리치고 밤길을 나섰다. 왜냐고? 스무 살이었으니까.

누군가 분명히 이렇게 말했다.

"넘어가서 자자!"

그게 나였는지, 심정운이었는지, 이재영이었는지는 모른다. 누구라도 상관없다. 셋 다 고개라는 건 걷다 보면 넘어간다고 믿었으니까. 출발은 신이 났다. 해가 수그러들면서 대지는 서늘했고 공기도 맑았다. 이윽고 달도 떴다. 정말이지 다 좋았다. 거기까지였다. 고갯길은 아무리 올라도 다시 고개가 나올 뿐이었다. 시끌벅적하게 떠들던 셋은 어느 순간부터 말이 없었다. 걸을수록 고갯길은 꾸물꾸물 우리보다 몇십 보씩 앞서가고 있었다. 가도가도 여우고개였다. 게다가 끝이 나오지 않는 가파른 길이었다. 숨을 돌렸다 싶으면 다시 비탈이 다가와서 문득 산을 양쪽에 끼고 솟아올랐다.

자정이 지나도록 우리는 고개 어디쯤을 줄곧 오르고 있을 뿐이었다. 다행히 새벽녘에 꼭대기를 넘었다는 걸 안 건 동해안 쪽에서 넘어오는 구름 때문이었다. 누구 하나 구름이 어떻다느니 말하지 않았다. 너무 피곤했고 벌써 배도 고팠다. 잘 곳도, 밥을 해먹을 곳도 없었다. 우리는 배낭에서 끄집어낸 건빵을 씹으면서 다시 길을 재촉했다. 자전거는 번번이 쓰러졌고 누군가 차라리 버리자고 했을 때 저항하는 사람은 주인뿐이었다.

"불빛이 보이면 마을이야."

"저 산만 돌아가면 나올 거야."

이제 그런 말을 하는 사람은 없었다. 돌아가면 또 산이 나오고, 또

가면 산이 나올 뿐이었다. 갖은 물건을 넣은 배낭은 점점 더 무거워졌다. 졸다가 게걸음질로 길옆으로 걷는 친구마저 생겼다. 결국 우리는 비포장도로 한가운데에 텐트를 쳐야 했다. 불빛 한 점 없는 산중의 칠흑 같은 어둠이 두려웠다.

잠에서 깬 건 자동차 경적 소리 때문이었다. 우리 텐트 옆으로 버스가 지나가고 있었다. 다들 밖으로 나와 주변을 둘러보니 멀지 않은 곳에 마을이 있었다. 모두들 허탈해했다. 우리 일행은 그 곳을 지나온 것이었다. 산속 마을 사람들이 깊은 밤에 굳이 불을 켜놓아야 할 일은 없었을 것이다. 우리는 마을 바로 아래에서 잠을 청했던 것이다. 산 고개 하나를 넘으면 새 세상이 열릴 것 같지만 또 산이 나오는 고개를 넘는 밤길. 어둠 속에서 진실을 발견하기가 얼마나 어려운 것인가를 그날 절감하였다. 일이 거기서 끝났으면 나는 광치고개 따위쯤 잊어버렸을지도 모른다.

우리는 계곡 깊은 자리로 내려가 아침을 해먹고 멱도 감고 풀벌레를 미끼로 꿰서 낚시도 했다. 다시 상쾌한 기분으로 고개를 넘어온 버스를 타고 아래로 내려갔다. 광치고개를 빨리 떠나고 싶었을 뿐이다. 버스가 있는 줄 알았으면 굳이 밤길에 고개를 넘으려고 애쓰지 않았을지도 모른다. 우리는 광치고개에 대해 아무것도 조사하지 않았고 준비한 것도 없었다. 그저 길이 있으면 간다는 믿음뿐이었던 것이다.

버스를 타고 도착한 곳은 원통이었다. 장수대에서 자고 오색약수

터로 걸어 넘었다. 한계령은 서늘하게 깊고 풍요로운 고요가 생동하고 있었다. 남대천 근처에 이르니 깊은 밤이었다. 자전거는 남쪽으로 내려갔고 애초 출발했던 두 사람은 계속해서 걸어 외설악에 도착했다. 어둠 속에 물가로 내려간 우리는 담아 온 쌀을 씻고 코펠에 찌개를 끓여 야참을 먹고 잠이 들었다. 설악산에서 내려오는 남대천 물맛은 유난히 시원하고 좋았다.

이튿날 아침에 일어난 건 파리 떼들 때문이었다. 텐트를 열어놓았던 모양이다. 짐을 챙기고 물 한 모금을 떠먹기 위해 다시 내려간 남대천에는 온갖 오물이 떠내려가고 있었다. 두 사람은 아침 먹는 걸 잊고 바닷가 쪽으로 길을 재촉했다. 광치고개에 당하고 이번에는 남대천에 당했던 것이다. 어쨌든 광치고개와 남대천에서 나는, 고상하게 말해 진리의 상대성에 대해 나름대로 깨우친 바가 있었다.

그 뒤로 인생에서 길에 대한 두려움은 거의 사라졌다. 혼자 하는 여행은 나를 알게 하는 데 더 없이 좋다. 홀로 다녀온 열흘 동안의 도보여행에서 그걸 확인했다. 거기서 한 걸음 더 나아가 자전거를 타고 국토를 한 바퀴 도는 긴 답사를 두 번 했다. 여행은 삶을 늘 청년이게 한다. 새길은 지금도 내 가슴을 뛰게 한다.

다시 광치고개를 넘으라고 한다면 굳이 그 길을 가지는 않을 것이다. 이미 터널이 뚫려서 쉽게 지나갈 수 있는 길을 부러 산고개로 넘는 것에는 흥미가 없다. 선택의 여지가 없는 길을 갈 때만 길이 내게로 온다는 걸, 나는 안다.

1982
강원도 도보여행 길은 길 자체가
내 청춘에 깨달음을 준 스승이었다.

밥 그릇 하나

○ 외할머니는 내 돌 때 놋쇠 밥그릇을 선물해주었다. 그릇 안쪽에는 이름 석 자가 반듯하게 음각되어 있었다. 그건 성장할 때까지 오래도록 세상에서 내 이름을 잊지 않고 기억하고 있는 유일한 물건이었다. 비록 한 번도 써보지 않았지만 제기들과 함께 넣어둔 그 놋그릇을 나는 못내 아꼈다. 놋쇠 밥그릇 몸통을 쓸어볼 때마다 쌀밥이 입안 가득 차는 듯했다. 성남에 온 뒤 먹고살기가 버거웠을 때 아버지는 다른 놋쇠붙이들과 함께 내 그릇을 팔아야 했다. 그건 단지 놋그릇 하나가 아니라 내 이름이 사라지는 일이었다.

나는 안다. 모든 밥그릇에는 이름이 있다는 걸, 그것이 삶이다.

차 렷 이 안 되 는 사 내

ㅇ   나는 부끄러웠다.

한칸 셋방살이 가난이 부끄러웠고

이미 비틀어진 팔이 부끄러웠다.

그걸 숨겨야 하는 내 처지가 더욱 부끄러웠다.

지나가는 사람이 다 내 팔만 보는 것 같았다.

긴팔 옷을 입었는데도 다 훔쳐보고 있다고 믿었다.

내 팔은 휘어 있었다.

나는 부끄러웠다.

부끄러움마저 부끄러웠다.

나는 부끄러움 자체였다.

나는 부끄러워서 오직 나에게 저항했다.

나에게 반항했다.

나에게 미래는 없었다.

나는 무학이었고

장애인이었다.

나는 내가 나에게도 부끄러웠다.

할 수만 있다면

나는 부끄러움을 지우고 싶었다.

어느 날 연탄마저 나를 배신했다.

다락방에 올라가 피운 연탄불은 알아서 꺼졌다.

수면제도 나를 반역했다.

조심스럽게 사 모은 알약은 소화제였다.

약사가 알아서 주지 않았던 것이다.

어설픈 자기 학대마저 실패한 날

거울 앞에 선 내 몸은 차렷이 되지 않았다.

내 팔은 나를 거부했다.

독가스도, 전문가도 나를 인정하지 않은 날

나는 굽은 팔은 펴보았다.

펴지지 않았다.

나는 거울에게 말했다.

굽은 팔을 펴는 날까지만

살자.

차렷이 안 되는 몸뚱어리를 자랑으로 삼는 날까지는

부끄러움을 부끄러워하지 말자.

거울이 울면서 말했다.

굽은 팔로 살아.

그날 오후 나는

처음 굽은 팔로 반소매 옷을 입고 거리로 나갔다.

II

공부모임 '해와 달'

발제와 토론 그리고 인간학

○　　　학력 별무 이재명이 공부를 한다. 이것은 그의 공부에 관한 두 해 동안의 기록이다.

　좋은 공부는 놀이가 된다. 거기 발견하는 즐거움이 있는 까닭이다. 유쾌한 싸움이 오래 가듯 즐거운 공부는 머리를 거쳐 가슴을 뛰게 하고, 자고 일어나면 사라지는 게 아니라 몸에서 근육이 된다. 그가 공부하는 까닭은 간명하다. '굽은 팔'을 펴기 위해서다. 예부터 이를 지혜라고 불러왔다.

　공부는 대략 한 달에 한 번꼴로 했다. 때로 건너뛰기도 했다. 시장이란 자리는 의외로 바쁘다. 그래도 공부는 다시 이어졌다. 애초에 공부를 함께하자고 조른 건 이재명이었다. 하긴 혼자 하는 공부(독학)

에 질렸을 터이기도 했고 세상공부란, 특히 민주적 세상을 만들고자 하는 이라면 모여서 하는 공부는 필수다. 나와 다른 의견을 가진 사람과 나누는 끊임없는 대화야말로 공부의 진짜 요체인 까닭이다.

발제자가 있고 토론하는 동료는 대략 예닐곱 명이었다. 들쭉날쭉했다. 열 명이기도 했고 어떤 날은 다섯 명이기도 했다. 이재명은 한 번도 빠지지 않았다. 정치, 경제, 여성과 소수자를 포함해서 다양한 주제를 다루었다. 마지막에 토론을 한 주제는 문화였다. 그건 과일 파티와 함께 진행되었다. 과일을 책상 위에 올려놓고 미술을 중심으로 문화에 대해 토론했고, 마침내 그걸 먹어치웠다. 주제 자체를 베고 씹고 나누고 소화시켜버렸다고 해두자. 책을 쓰고자 공부를 한 게 아니었으나 공부를 한 걸 모으니 책이 되었다. 이 공부의 정리 및 사회는 서해성이 하였다.

하회를 보시라.
티끌이 뜻을 품으니 대략 이러하였다.

승자독식 체제를 넘는 민주주의를 말하다

발제자 | 최태욱(한림대국제대학원대학교 교수)
날짜 | 2015년 2월 14일 토요일

첫 공부다. 이재명이 공부방으로 들어왔다. 그는 성남시장이다. 아니, 학생이다. 공부방에 그가 가장 먼저 도착했다. 그가 차 한잔 마시고 있는 동안 이해영(한신대 국제관계학부 교수)이 왔고, 마지막으로 최태욱이 발제문을 들고 와서 늘 그렇듯 쭈뼛거리며 앉았다. 어디서나 호리호리한 몸매에 진지한 최태욱은 비례대표제 선거를 주창하고, 이를 알리기 위해 10년 가까이 버둥거려온 비례정치 전도사다. 그는 정치로 먹고사는 사람이다. 정확하게 말해서 그는 정치 리론으로 산다. 비유컨대 그의 정치학은 '리론'에서 '이론'으로 두음법칙이 진행 중이다. 그가 바라던 게 현실에서 미처 이뤄지지 않은 까닭이다. 그의 발제 투는 논리와 논리를 연역한다. 물기가 없는 알맹이가 눈앞에 드러나는 형태다. 요컨대 재미없다. 이날은 달랐다. 그의 숙련된 진지

함을 오랫동안 비난해온 미안함을 여기에 기록으로 남긴다. 참고로 UCLA에서 박사를 했지만 영어를 잘한다는 말은 아직 소문나지 않았다.

사회자 공부모임 이름을 '해와 달'로 붙여보았습니다. 밤낮으로 부지런히 공부하라는 뜻입니다. 낮에는 '해' 공부, 저녁에는 '달' 공부라는 거죠.

최태욱 잘 놀아야 좋은 정치가 됩니다. 한국정치는 놀이도 유희도 없어요. 독점과 희롱만이 판을 치는 편이죠. 이럴 때 국민, 시민은 짜증이 나는 겁니다. 주권이 제대로 반영되지 못한 사회에서 일어나는 현상입니다.

사회자 오늘 최 교수 말씀을 듣고 있자니 그동안 보여주었던 관념의 허물을 벗고 있군요.

이해영 그렇게 초를 치면 발제가 되겠어요.

이재명 여러분은 원래 토론을 이렇게 합니까? 약간 당혹스럽네요. 노는 건 줄 알았으면 나도 준비가 달랐어야 하는 것 아닌가 싶네요.

최태욱 이래서 87년 체제가 바뀌지 않나 싶네요.(모두 웃음)

읽기 편하도록 최태욱 교수의 발제에서 군더더기를 다 털어버리고 간명히 압축한다. 발제가 한 시간 넘게 이어졌으니 여기서는 줄이는 게 예절이다. 요점정리다.

발제 요약

l 다수제 민주주의에서 합의제 민주주의로 l

우리는 87년 이후 절차적 민주주의는 달성했지만 실질적 민주주의는 달성하지 못했다는 말을 많이 해요. 맞는 말이 아니에요. 절차적 민주주의를 제대로 발전시키지 못했기 때문에 실질적 민주주의가 되지 못하는 거예요. 실질적 민주주의를 이루는 우리 절차에 무슨 문제가 있는 걸까요? 문제는 다수결에 있습니다. 다수결의 원칙은 민주주의의 기본원리죠. 하지만 우리 사회를 보세요. 다수결의 원칙이 지켜지고 있나요? 다수결의 원칙이 지켜졌다면 우리 사회 압도적 다수인 노동자, 비정규직, 서민을 위한 사회가 되었겠지요. 절차적 민주주의의 핵심은 주요 갈등 주체의 대표성을 보장하는 것이고, 이 대표 주체는 정당입니다. 그러므로 대의민주주의의 꽃은 정당정치의 활성화라고 봅니다.

우리가 실시하는 다수제 민주주의의 전형은 소선거구제 1위 대표제입니다. 한 개 선거구에서 '1등 뽑기' 게임을 하는 거예요. 2등과 3등이 나름 아무리 많은 득표를 해도 1등 말고는 싹 다 무시해버려요. 반면 합의제 민주주의는 다수제와 달리 비례대표제, 다당제, 연립정부를 특징으로 합니다. 그래서 다양한 계층, 직업, 취향을 다채롭게 담을 수 있는 거예요. 선거제도부터 비례대표제니까 5퍼센트만 득표해도 그에 비례하는 만큼의 의석을 받아 원내 정당이 될 수 있는 거지요.
다수제 민주주의는 1등 뽑기 게임이자 정권 독차지하기 게임이라, 특정인이나 특정집단이 집권하면 그 외 나머지 세력들은 다 배제해버립니다. 정치의 기본은 사회통합인데, 이 제도는 도리어 사회통합을 흔드는 거지요. 국가에 대한 중장기적인 전망도 세울 수가 없어요. 정권이 바뀔 때마다 다른 정책기조를 가지고 국가를 운영하다 보니 늘 사회가 불안정하지요. 독선적인 운영의 늪에 빠질 수도 있고요.

게다가 우리 사회는 유독 심각한 문제를 가지고 있어요. 바로 지역주의가 여전히 중요한 정치변수라는 겁니다. 지역주의를 기반으로 한 소선거구 1위 대표제 정당은 전국 수준의 개혁과제, 예컨대 경제민주화 같은 시대적 과제를 위해 최선을 다해 일할 이유가 없어요. 지역 토건사업이 훨씬 생색이 나지, 경제민주화와 복지국가를 위해 일한다고 유권자들이 다시 뽑아주겠어요?

경제민주화를 이룬 나라는 서로 갈등하는 사회구성원들이 시장조정 과정에 다 같이 참여합니다. 이게 사회적 합의주의예요. 김대중 정부 때 동아시아 최초로 공식적인 사회협약 모델을 제시한 노사정위원회가 출범했어요. 그런데 1년 만에 깨졌어요. 왜? 노동자들이 주장한 산별노조 강화, 단체교섭권 강화, 복지확대 등은 대부분 입법이 되지 않았어요. 반면 자본가들이 주장한 해고의 자유, 노동시장 유연화 정책은 입법화가 되었어요. 국회 입법화라는 정치 과정에서 노동의 정치력이 자본에 비해 너무 약하다는 거지요. 도저히 동등한 파트너라고 할 수 없는 거예요. 그러니 노동이 그런 사회적 합의 틀에 남아 있겠습니까? 나가는 게 당연하지요. 그래서 노사정위원회가 깨진 겁니다.

사회적 강자와 약자 사이의 동등한 파트너십을 정치적으로 보장하지 않으면 사회적 합의주의는 발달할 수 없어요. 한국형 합의제 민주주의를 수립하려면 모든 사회구성원들이 정치에 참여하여 자기 목소리를 낼 수 있도록 해줘야 합니다. 즉 자기 정당을 갖게 해줘야 한다는 거지요. 이를 위한 핵심 기제는 비례대표제이고요. 비례대표제를 기반으로 '다당제 → 연립정부 → 협의주의'라는 패키지가 서로 맞물려 돌아가면서 합의제 민주주의에 이르게 됩니다.

지역이나 인물에 기반을 둔 다당제가 아니라 이념과 정책기조, 지향하는 가치에 따라 서로 다른 성격의 여러 정당이 유력한 힘을 얻는 다당제가 한국의 이상적인 미래라고 봅니다. 이를 위해서 '정치기업가(political entrepreneur, 개혁의 여론을 조성·결집하여 정치과정에 투입되도록 하는 역할을 맡은 이)'의 등장을 고대하고 있어요. 정치기업가가 올바른 개혁 여론을 형성하고 이 여론으로 개혁을 거부하는 국회의원들을 밀어붙여야 한다는 거지요. 시민들의 지지로 유력한 대통령 후보로 부상한 정치기업가가, 본인이 대통령이 되면 취임 1년 내에 시민의 힘으로 선거제도를 개혁하겠다고 공약을 해야 2017년 대선 때 승산이 있다고 생각합니다. 당선이 되면 공약대로 선거제도 개혁과 권력구조 개편을 주도한 뒤 2020년에 조기 사임을 해야 합니다. 그야말로 새로운 체제를 위한 역사적 소임을 다하는 거지요. 이 정도는 해야 개헌이 가능하다고 봅니다.

선거에서 이기는 게 먼저 아닌가

이해영   최태욱 선생이 말씀하신 합의에는 누구나 동의해요. 그런데 이런 사회적 합의주의 또는 합의제 민주주의가 가능할까요? 지적하신 대로 합의는 정치적·구조적 조건이 갖춰졌을 때 하는 것이죠. 독일만 해도 히틀러 독재에 당한 역사적 DNA 때문에 지금 형태가 된 것이지, 정치적 개혁을 한 건 아니라고 봐요.

이재명 　승자독식 시스템이 아니라 권력을 분점하고 타협하고 양보해서 많은 사람들과 집단의 의견을 최대한 반영하는 사회구조가 바람직하죠. 그것이 우리가 말하는 진정한 민주주의, 민주공화정일 텐데 참 어려운 과제인 것 같습니다. 기득권 세력은 새로운 시스템이 자기들에게 유리하다는 판단이 들지 않으면 결코 수용하지 않을 거예요. 다만 이 문제를 대중에게 효과적으로 전달할 짧은 단어를 개발하면 좋겠다는 생각입니다. 정치구조가 매우 중요한데 제가 현장에서 대중들을 접해보면 관심이 그리 높지 않아요. 한국정치의 구조적 후진성 때문이기도 하지만, 새 정치라고 하면 '새 애인 나타나서 좋다, 찍어보자' 하는 수준에 머물러 있는 것 같아요. 무엇보다도 선거에서 이기는 게 먼저고, 그 전제에서 제도개혁이 가능한 것 아니냐는 분위기가 더 강한 것 같아요.

최태욱 　지금 말씀처럼 일단 선거에서 이기는 것이 먼저라는 생각을 많이 하죠. 정권을 잡아야 선거제도든 제도개혁이든 가능한 것 아니냐고요. 하지만 선거에서 이기는 것만으로는 5년, 길어야 10년 집권하고 끝이에요. 그게 다수제 민주주의의 한계죠. 이래서는 복지국가를 못 만들어요. 복지국가는 최소한 20~30년간 꾸준히 같은 정책기조를 밀어붙여야 성공 가능한 장기 프로젝트입니다. 그런데 누구보다 열정적이고 순수하고 복지국가를 향한 꿈이 뜨거운 사람이 대통령이 되더라도 기껏해야 5년밖에 안 되잖아요. 새로운 국가상과 새로운 민주주의를 제시해 판을 바꾸지 않으면 희망이 없다는 것을 설파하고, 그런 여론에 동조하는 세력을 조직해내는 사람이 지금의 구도를 깰 유일한 가능성이라고 봐요.

중도는 실재하는가

사회자　이번에는 '중도'라는 개념을 이야기해보죠.

이해영　저는 중도는 없다고 봅니다. 중도는 사회조사나 여론조사에만 존재하는 어떤 사회적인 환상이지 실제는 아니라고 봐요.

최태욱　저는 중도라는 개념이 실재한다고 봐요. 그런데 그게 보수와 진보를 모호하게 짬뽕한 건 아니라는 거죠. 중도는 일단 보수적이거나 진보적이에요. 그런 기본 스탠스를 가지고 있으면서 자기와 다른 쪽의 말을 잘 들어주는 사람, 극단적이지 않고 잘 판단할 줄 아는 사람들이에요. 나는 불완전하다, 그래서 나와 다른 사람들과도 대화하고 타협한다, 즉 여지를 둔다는 거죠.

　제가 생각하는 중도는 경기장의 심판이에요. 자신은 확실한 철학과 기준을 가지고 있으면서도 상대편의 주장을 잘 들어주는 사람, 그래서 합리적으로 절충하는 사람이라고 봐요. 양쪽의 말을 다 들어주고, 합리적으로 판단하는 중도가 유력한 세력이라면 강경한 좌파도 우파도 마음대로는 못 하죠. 그래서 합의제에서는 정권을 잡고 싶으면 중도와 연립을 하든, 아니면 좌우 연립을 하든, 둘 중 하나를 해야 해요. 합의제 민주주의가 훌륭하게 작동하는 나라들도 중도정당의 역할이 핵심이에요. 유력한 중도정당이 있다는 건 말 그대로 네 편, 내 편이 아니라 사안마다 맞는 말 하는 쪽을 인정한다는 거잖아요.

말하자면 중도는 맹목적이지 않고, 진지하고, 선한 뜻을 가진 사람들이에요. 이런 말도 있어요. 비례성 높은 선거제도가 들어오면 새누리당은 당연히 깨진다. 왜? 새누리당은 수구가 주도하는 수구와 보수의 연합정당이잖아요. 그래서 그 당의 전체적 이미지는 자기 밥그릇 챙기는 거지, 상식을 지키는 보수 세력이 아니에요. 양당제에서는 합리적 보수가 수구세력들 틈에 섞일 수밖에 없어요. 합리적 보수 정치인은 지금의 선거제도에서 자기 정당을 세울 수 없으니까 수구가 주도하는 판에 얹혀 있다고 이야기해요. 만약 비례대표제가 된다면 거기 있을 이유가 없다는 거죠. 자기들끼리 나가서 10퍼센트만 득표해도 30석짜리 정당을 만드는데, 우리가 왜 새누리당에 있겠느냐고 하거든요.

이해영　　조지 레이코프George Lakoff라는 교수는 인간의 뇌는 중간이 없고 이것 아니면 저것이라고 합니다. 예를 들어 사형제에 대해서 중도가 어디 있냐는 거예요. 그러면 절반만 죽일 거냐는 거죠. 뇌가 이분법이니까 천하도 이분지계로 가는 것이 자연스럽지 않을까 합니다. 집권을 생각한다면 천하를 진보와 보수, 둘로 쪼개야죠.

사회자　이 교수의 말에 동의합니다. 다만 우리가 처한 분단체제를 한번 생각해보는 건 어떨까요. 분단체제에서 중도 말이죠. 분단체제는 정치, 경제, 모든 시스템을 둘로 딱 나누어요. 그나마 너무 심한 편가르기를 하지 말라고 하는 세력들이 있어요. 이게 상식적인 말이긴 하죠. 그런데 그들은 누구일까요. 양단을 나누어서 극단적으로 다투는 짓을 하지 말라는 말을 하는 것만으로도 분단체제에서는 도리어 진보 쪽에 가깝습니다. 극우가 아닌 것만으로도 말이죠. 이게 서구와 한국의 차이점이 아닐까 싶습니다. 이걸 어떻게든 담아낼 형태가 필요한 건 분명합니다. 언젠가 제가 이런 말을 한 적이 있지요. 한국사회는 비상식이 상식을 지배하는 게 문제다.

최태욱　맞아요. 이는 진보적 결과로 가요. 다수가 항상 약자인데 제대로 된 인간이라면 설령 진보가 아닐지라도 약자를 대변하는 주장, 즉 진보적 결과를 주장할 수밖에 없다고 봐요. 다만 그 과정에서 중도가 필요하다는 거예요. 중도의 협력 없이는 불가능해요.

중도가 아니라 정도正道, 이제 상식을 말할 때

이재명　저도 이해영 교수님처럼 프레임의 문제라고 생각해요. 중도라는 개념은 보수언론이 만든 프레임의 산물이라는 생각이거든요. 대개 우리 사회를 진보와 보수로 나누잖아요. 사실은 사람들은 자기가 진보인지 보수인지 모르는데 물어보니까 둘 중 하나를 선택해야 된단 말이에요. 우리 사회의 70~80퍼센트 이상이 특정한 제도, 예를 들면 고용정책, 조세정책, 소득재분배정책 등으로 피해를 보는 집단인데, 이것을 숨기려고 보수, 중도, 진보로 강제로 나눠서 프레임을 덮어씌운 인상이에요. 저는 여기서 벗어나야 한다고 봐요. 보수와 진보, 그 사이에 있는 중도, 이것보다는 다수피해대중 대 소수기득권, 상식 대 비상식, 이런 식으로 정의롭게 이분하는 프레임을 만들어야 한다고 봐요.

사회자　1776년 미국혁명의 핵심 키워드는 토머스 페인Thomas Paine이 주장한 '상식'이라는 딱 한 단어였어요. '민주주의와 자유와 독립을 주장하는 것은 상식이다'라는 거였죠. 나는 아직도 '상식'이라는 말이 유효하다고 생각해요.

이재명　저는 정치상층부 사람들이 아니라 주로 시민들을 만나잖아요. 가끔씩 시민들에게 "나는 진보가 아니다. 내가 제일 좋아하는 것은 상식과 합리, 공정과 형평, 이런 것이다. 정상적인 사회가 되자는 것이다"라고 말하면 반응이 아주 좋아요. 매일 출퇴근하고 당장 먹고 살기 바쁜 분들에게 보수·진보 논쟁은 사실 짜증나죠. 상식 대 비상식 구도를 만드는 것은 충분한 가치가 있다고 생각합니다.

사회자　가령 말이죠. '고문한 사람을 봐준 사람이 대법관이 되면 되겠어? 그건 상식이 아니지'라고 하는 게 더 설득력이 있죠. '저건 보수·수구, 이건 진보'보다 말이죠.

이재명　상대가 진보, 보수 프레임을 덮어씌울 때 이걸 재빨리 벗어던지고 다른 프레임을 덧씌워야죠.

사회자　그걸 개발해보자는 거죠. 차라리 '저는 상식을 말하려고 정치합니다.' 이렇게요.

이재명　'이재명의 상식정치' 그거 좋네요.

사회자　밥 먹읍시다.

　공부가 끝나니 벌써 토요일 해가 기울었다.

　첫 공부라서 다들 저녁을 함께 들었다. 다들 경험했다시피 진짜 토론은 밥집에서 완전히 구어체로 이어졌다. 혼례가 끝난 뒤에 신랑 신부에 대해 평을 하듯이. 정답은 시험 끝난 뒤 화장실에서 잘 떠오르고 토론은 밥집에 도착해서 꽃을 피운다. 예부터 대저 그러하였다. 그렇지 않았다면《논어》에는 공자님의 공부방만 나올 것이고,《신약성경》의 무대는 예수님의 집을 벗어나지 못했을 것이다. 이날 토론은 자정 가까워져서 끝났다.

이재명은
기록한다

첫 수업이었다. 분위기는 진지했고, 소수제 사회, 연립정부, 협의주의를 주장하는 최태욱 교수의 발제는 깊었다. 정치의 치열성은 무엇을 위한 것이어야하는지 곰곰이 생각케 하는 시간이었다.

정치는 국민들의 다양한 의견을 수렴할 수 있어야 한다. 비록 그 의견이 소수의 의견이라도 합의하고 고려하는 정치구조가 무엇보다 중요하다. 그런데 현장에서 사람들을 만나보면 정치에 크게 관심이 없다. 새로운 정치라고 하면 '새 애인이 나타나서 좋다, 우선 찍자' 하는 수준이다. 우리 사회를 오랫동안 지배해온 정치의 후진성 때문이다. 보스 중심의 대통령제, 양당제가 만들어낸 폐해다. 우리가 만들어갈 새 정치는 정치의 생태적 다양성을 보장해야 한다. 나는 비정규직, 청년, 여성, 장애인 등 힘없는 소수의 목소리도 국회로 들어오게 하고 싶다.

최근 미국의 정치학자 E. E. 샤츠슈나이더의 《절반의 인민주권》이라는 책을 인상 깊게 읽었다. 현대 민주주의가 실패한 이유는 유권자의 정치혐오나 무관심 때문이 아니라 정당정치 탓이라는 대목이 아팠다. 정치인의 치열한 정책 연구의 부재, 유권자와의 소통 부재를 누구 탓으로 돌릴 셈인가. 선택지의 빈곤은 유권자 탓이 아니다. 유권자의 무관심도 그들의 탓이 아니다. 성남에서 이룬 작은 성공에 취해 새로운 정책 발굴에 소홀했던 것은 아닌지 돌아본다.

방어 말고 공격을!

발제자 | 이해영 (한신대 국제관계학부 교수)
날짜 | 2015년 3월 21일 토요일

이해영의 발제다. 한미 FTA 이론가로 한때 천하를 종횡무진 내달리던 지식 검객이다. 오늘 토론에서 새 경지를 보여주면 현재의 검객 이름이 유지될 것이다. 글도 제법 쓰고 TV토론에서 실력도 입증해 보였지만, 동시에 그만큼 옷맵시에 신경을 쓰는 사람이다. 겨울에는 긴 바바리코트를 흘려 입는 그가 오늘은 감색 저고리에 줄무늬 바지를 차려입은 콤비네이션 차림이다. 부산 출신인데 정작 호남 사람들과 교분이 넓은 편이다. 지역연고가 몹시 약하다고 해야 할까. 한국 사회에서 이건 놀라운 장점이다. 참고로 그는 오디오 전문가다. 있는 대로 전하자면 그는 FTA 문제보다 클래식 음악 영역에서 대화 주제가 나오면 말을 그칠 줄 모르는 편이다. 꿀릴 수 없다는 거다. 사실 토론은 민주체제로 치자면 클래식에 해당한다.

발제 요약

┃방어 말고 공격하라! 오바마가 이긴 이유다┃

'어떻게 전략적으로 말할 것인가'에 대해서 이야기해보겠습니다.

오바마 대선 캠프 전략전문가인 조지 레이코프는 인간 뇌의 의사결정 구조는 A 아니면 B이지 중간은 없다고 했습니다. 선거라는 것이 무엇입니까? 인간의 마음과 뇌를 장악하는 전쟁입니다. 선거에서 이기려면 우선 강력한 주장으로 유권자의 뇌를 사로잡아야 합니다. 애매한 포지션이 아니라 확실한 입장을 정리하는 것이 유리합니다. 자기를 대변하는 가치와 원칙을 일관되게 설득하고 설득해야지, 진보에 있다가 보수로 간다고 보수 지지자들이 마음을 주지는 않습니다.

일부에서는 '유권자가 보수화하니까 중도를 지향해야 한다'는 말을 합니다. 서강대 정치연구학자 서복경 교수가 재미난 연구를 하였습니다. 유권자 조사를 해보니 스스로 보수라고 응답한 비율이 10년 전보다 5~7퍼센트 높게 나왔다고 합니다. 그런데 구체적인 정책, 예를 들어 복지, 환경, 빈부격차, 원전, 비정규직 등의 문제에 있어서는 상당히 왼쪽의 소신을 가지고 있었다고 합니다. 10년 전에는 정반대였습니다.

팩트와 프레임을 결합하면 유권자의 뇌뿐 아니라 마음도 사로잡을 수 있습니다. 어떤 팩트도 특정한 관점으로 해석하지 않으면 대중을 설득할 수 없습니다. 그래서 '프레임 전쟁'이라는 말을 쓰는 것입니다. 상대방의 프레임을 사용하면 그 프레임에 걸려들고 맙니다. '나는 종북이 아니야' 하면 종북이 되는 거고, '나는 빨갱이가 아니야' 하면 빨갱이가 되는 겁니다. 대꾸하고 방어만 하다가는 지고 맙니다. 자신의 원칙과 가치를 자신만의 프레임을 가지고 계속 이야기해야 합니다. 그것이 핵심적인 메시지입니다.

정치는 언어 전쟁

사회자   급하게 발제를 부탁했는데 밀도 있게 발표해주었습니다. 일단 한마디씩 토론을 해보죠.

최태욱   근데 모르겠어요. 선거 정치에서의 프레임이 전략으로 중요하다는 것은 당연히 인정합니다. 그런데 이게 우리 양당의 정치 무능을 해결해주지는 못합니다. 포장만 잘했지 내용은 그대로잖아요. 한국 정치의 무능, 야당의 무능은 우리 사회에서 압도적으로 많은 사회경제적 약자들에게 아무런 정치 해법을 제시하지 못한다는 데 있는 거잖아요. 야당한테 화술 좀 가르친다고 이런 문제를 해결하는 데 도움이 될까요? 프레임에 안 말리면 총선에서 이길 수는 있겠지만 그렇다고 궁극적으로 한국사회에 무슨 보탬이 될까요.

제 요지는, 말싸움 잘하기보다 야당의 정치 역량을 키우는 게 먼저라는 겁니다. 말싸움만 잘하면 오히려 싸움에 질린 무당파만 계속 늘어나는 게 아닐까요? 이거야말로 정치혐오를 키우는 거죠. 그래 놓고 투표율 탓하고요. 저는 그냥 말장난하는 것 같아요. 언어학자들 만나면 민생문제 먼저 해결해보라고 묻고 싶어요.

이재명   정치 현장에서 제가 경험한 이야기를 해보면, 정치는 미사일 대신 말 폭탄이 오가는 언어 전쟁이라는 거예요. 그래서 프레임을 끊임없이 연구해야 한다고 생각합니다. 저쪽 프레임에 맞장구쳐주면 결국 상대방 프레임의 색채를 강화하는 결과밖에 안 됩니다. 상대방 용어를 부인하거나 변명하는 것도 안 돼요. 완전히 새로운 말을 만들어야죠. 예를 들면 무상 프레임도 사실 좋은 프레임에서 나쁜 프레임으로 바뀐 경우죠. 언론 환경이 '무상'을 '공짜'라는 이미지로 바꿔버렸잖아요. 그때 야당 대답이 궁색했어요. '공짜 아니야' 또는 '공짜가 왜 나빠?' 이렇게 나오니까 지는 거죠. 그 바탕에는 '성장이냐, 분배냐' 하는 기득권의 구식 프레임이 있다고 봅니다.

성장 아니면 분배, 이렇게 나눠버리니까 마치 복지 이야기하면 성장은 신경도 안 쓰는 것 같지요. 복지가 밥만 축내는 걸로 보여서 결국 대중도 성장 쪽으로 돌아서는 거잖아요. 사실 성장과 분배는 상대적인 개념이 아니잖아요. '분배하면 더 성장한다' 아니면 '지금까지는 불공정한 성장이었지만 이제는 일한 만큼 받는 공정한 성장을 해보자', 더 간단하게는 '우리가 낸 세금, 우릴 위해서 써라', 이런 걸로 바꾸어야죠. 모든 영역에서요. 국방, 안보 같은 영역에도 '우리는 내실국방, 부정부패 없는 깨끗한 국방, 저들은 부정부패 나쁜 국방' 이런 식으로 만드는 거죠.

이해영   그래서 몇몇 경제학자가 모여 만든 담론이 복지 주도 성장이에요. 복지를 중심으로 성장하자는 것은 당연한 거예요. 복지 지출

하면 성장과 GDP가 올라가거든요. 새로운 용어를 만들겠다는 건 아주 좋은 시도예요.

사회자 '못살겠다, 갈아보자'는 참 대단한 프레임이라고 생각해요. 그것보다 좋은 프레임은 한국 정치사에서 아직까지 없었어요. 하나도 안 어렵잖아요. '민주 대 반민주' 구도도 대단한 프레임이죠. 87년 '호헌철폐, 독재타도'도 좋았고요. 선악의 경계가 분명하잖아요. 저 사람들은 그냥 '나쁜 놈'들인 거예요. 그들도 자기들이 악당이라고 사실상 동의했어요. 그런데 언제부터인가 프레임이 헷갈리기 시작했어요. 노무현 정부 때부터 자기들이 나쁜 놈인 걸 '잊어버리는' 전략을 쓴 거죠. 오히려 민주세력을 악으로 묘사하기 시작했죠. 가령 '종북'이 그래요. 이렇게 말하는 세력들을 어떻게 규정할 것인가, 문제는 그 언어가 새로워야죠.

이해영 미국은 우리보다 훨씬 발전된 프레임 담론 구조를 가지고 있어요. 몇 가지 볼게요. '기후변화climate change'라는 말에 어떤 프레임이 작동했냐면 원래는 '지구온난화global warming'라고 했어요. '지구온난화'라고 하니까 산유국이나 자동차 제조업체 등에서 '우리가 주범이라는 이야기 아니냐' 하고 반발하며 로비를 했어요. 그랬더니 공화당에서 말을 바꾸었어요. 그래서 '지구온난화'가 '기후변화'로 순화된 거예요.

증세, 감세 논쟁도 있어요. 부시가 당선될 때 나온 말이 '택스 릴리프tax relief' 즉 세금에서 구원해주겠다는 거였잖아요. 그러니까 복지를 위해 세금을 올리자는 이야기를 못 해요. 지금 한국에서의 증세, 감세 논쟁도 이렇게 가면 안 된다고 봐요.

사회자　'1퍼센트!' 우리는 이 안에서 세금을 걷자는 뜻이라고 말을 해야죠.

이해영　처음부터 1퍼센트 증세를 들고 나와야 하는데 자꾸 증세, 증세만 해버리니까.

사회자　'1퍼센트 증세! 99퍼센트 감세!'를 동시에 말해야죠.

이해영　그러니까 이런 프레임을 던져야 된다고요.

이재명이 종북이면 박근혜 대통령은 고정간첩

이재명　저들의 가장 강력한 무기가 종북론이잖아요. 우연히 영상 하나를 봤는데, 한 종편 채널에 언론사 정치부장, 변호사 등이 나와서 제 욕을 10분 이상 하고 있더라고요.(웃음) 근데 내용이 아주 재미있어요. 핵심은 '우리가 언제 이재명을 종북이라고 했느냐, 자기가 종북이라고 코스프레하고 있다'였어요.

어떻게 된 일이냐면, 시장에 취임해보니 성남시청사 청소노동자들이 중간 단계인 용역업체에게 돈을 많이 뜯기고 있더라고요. 그래서 청소노동자들 스스로 사회적 기업을 하나 만들어서 임금을 제대로 받으라고 했죠. 그런데 청소노동자들 중 몇 명이 예전 통진당 회원이었던 거예요. 그 일로 종편에서 종북몰이를 시작했어요.

저는 제가 하는 일에 변명 같은 것 안 해요. 정면으로 되치기를 하죠. 성남의 청소부들이 세운 사회적 기업에 박근혜 정부가 현금 지원을 하고 있었고, 사회적 기업 인증심사 때 최고 점수를 준 것도 새누리당 시의원이었거든요. '나는 종북이 아니다'가 아니라 '일거리를 준 내가 종북이면 몇 억씩 지원한 박근혜 대통령은 고정간첩이다'라고 했어요. 사람들이 곤란해졌나 봐요. 갑자기 '이재명이 우리더러 종북몰이 한다고 욕한다' 이러고 있는 거예요. 이젠 더 이상 종북 소리가 안 나와요. 꽤 효과가 있잖아요.

'진보-보수' 혹은 '좌-우' 프레임을 버려야 해요. 지금 야당 세력이 주장하는 복지, 증세, 투명한 국방, 이런 게 다른 나라에서는 보수의 논리거든요. 상식을 지키는 보수요. 그 정도가 정상적인 사회라고 봐야 하는 거죠. 국민은 그걸 모르잖아요. 예를 들면 지나가는 사람들에게 상속세 폐지에 대해 물어봤더니 전부 폐지를 찬성했어요. 이번에는 '8억 이상 자산을 가진 사람만 상속세 내고, 나머지는 안 낸다'고 가르쳐줬더니 모두 상속세 폐지를 반대해요.

국민에게 정보가 제대로 전달이 안 되는 거예요. 핵심정보를 알리는 것도 중요한 야당성이라는 겁니다. 세금이나 복지 정책 논쟁이 벌어질 때 도대체 야당이 하는 게 뭡니까? 중요한 정보를 알기 쉽게 요약하여 유인물 뿌리고 플래카드로 도배질을 해야죠. '국회의원은 반드시 어떤 의제가 나오면 트위터 세 개씩 할 것' '팔로워 5천 명 안 되는 의원은 공천에 불이익 준다'는 식으로요. 사실 성남시는 이렇게 하고 있어요.(웃음) 그래서 우리가 팬이 많은 거예요. 이런 방식으로 세금 부과는 돈 많은 소수에게만 하고, 돈 없는 다수에게는 안 한다는 걸 끊임없이 알릴 의지가 있어야 하고, 실천도 해야 해요. 이런 게 야당성 아니겠어요?

최태욱 성남시장으로서는 그렇게 하는 게 좋죠. 그런데 한국을 상대로 하는 리더십을 도모한다면 뭔가 전국 차원의 구조 분석에 기반을 둔 전략이 나와야 해요. 정책 몇 개만 바꾼다? 그거 얼마 못 가요. 김대중과 노무현, 이분들도 만만치 않은 선수들이었어요. 그런데도 민주정부 10년 동안 사실 구조적으로 바뀐 게 거의 없었잖아요. 지도자로 부상하는, 대안으로서의 체제전환론이랄까, 정치개혁론을 들고 앞장서라는 거죠. 아예 이 땅의 민주주의를 근본부터 확 바꿔버리겠다, 안 그러면 미래가 없다고 나가야죠.

이재명 하다가 망하면?

최태욱 안 하면 그만이죠!

사회자 근데 이거 녹취하는 거 다들 알죠?(좌중 웃음) 뜨거운 공부였습니다. 여기까지 하겠습니다.

최태욱 실은 아직 아무도 해본 적이 없죠. 진정한 정치개혁은 말이죠. 프레임 논쟁만으로는 최종병기가 될 수 없다는 뜻인데……

사회자 최태욱 교수의 이 말씀은 아주 중요하다고 봅니다. 결국 대선에서 또 인물중심으로 '정권교체 이후'에나 고민해보자고 할 테니 말이죠. 그래서 또 이기거나 진 뒤에 5년, 10년 뒤에 정치개혁이 중요하다고 말하겠죠.

최태욱   서 작가가 언젠가 '제도가 사상이다'는 칼럼을 쓴 적이 있어요. 제도 개선의 중요성을 압축하고 있는 잠언이죠. 아무리 훌륭한 사상이나 민주적 가치도 제도의 틀에 담기지 않으면 안 된다는 거죠.

사회자   녹취 꺼졌습니다. 술 한잔하면서 마저 토론하지요.

겨울술은 몸을 데우고 봄술은 가슴을 데운다. 좋은 공부는 사람을 취하게 한다. 공부에 취기가 오른 사람들은 남아서 소주를 마셨다. 봄술이다. 대화를 하는 동안 목련이 피고지고 벚꽃이 날리고 매화가 술잔에 떨어졌다. 봄공부가 익은 술맛을 내지 못하면 되겠는가. 공부 끝에 다들 흥이 도도해서 돌아갔다. 이재명 학생만 중간에 슬그머니 몸을 빼쳐 달아났다. 좌중은 그게 못내 걱정이다. 단지 이재명이 아니라 이러다가 한국 정치인들이 봄술도 잊어버리지 않을까 봐서 하는 소리다. 뜨락에 앵두꽃이 바람에 지는 걸 보지 못한다면 어찌 천하를 안다 할 것인가. 서 아무개는 끝내 한 잔도 마시지 않았다. 이자는 마시지 않고도 취한다. 심히 괴이쩍다. 북촌 골목 어디선가 책 읽는 소리에 매화 한 송이 피었다.

이 재 명 은
정 리 한 다

○─────────────────────────────

흔히 사람들은 나를 '사이다'라고 한다. 말을 시원시원하게 소신껏 한다는 뜻
이리라 생각한다.

소신 있는 정책과 팩트에 근거한 적절한 언어구사는 나의 힘이다. 대중은 양
이 많고 복잡한 정보를 원하지 않는다. 그래서 나는 참모들에게 언어를 간명
하게 만들어보자는 제안을 자주 하는 편이다. 성남시의 슬로건은 '성남은 합
니다'이다. 언제부터인가 사람들은 성남은 특별한 곳, 세금 낸 보람이 있는
동네로 인식하게 되었다.

정치는 언어의 전쟁이다. 말 한마디에 승패가 좌지우지되니 살얼음판을 걷는
것 같을 때도 많다. 프레임은 끊임없이 유동한다. 상대방 프레임에 맞장구치
는 수준에 머물러서도 안 되고, 상대의 용어를 그저 부인하거나 문제를 피하
기 위해 어설픈 변명을 해서도 안 된다.

'무상복지'에 대해서는 할 말이 많다. 언론 환경이 '무상'을 '공짜'라는 이미
지로 바꿔버렸고, 야당은 궁색했다. "공짜 아니야, 공짜가 왜 나빠?" 하다보
면 어느새 본질은 사라지고 밀리는 형세가 되고 만다. '우리가 낸 세금 우리
를 위해서 써야 한다' 했어야 한다. 프레임을 새로 짜는 것이다.

시장에 취임해보니 성남시청사 청소노동자들이 용역업체에 임금을 많이 뜯
기고 있었다. 어머니가, 동생이 생각났다. 그래서 청소노동자들 스스로 사회
적 기업을 하나 만들어 임금을 제대로 받으라고 제안했다. 그중 몇이 통진당
원이었다. 그 일로 종편에서 내게 종북 프레임을 씌워 종북이 아니냐고 몰아

세웠다. 변명은 하고 싶지 않았다. 그건 내 성미에도 맞지 않는다. 정면으로 되치기했다. 성남 청소부들이 세운 사회적 기업에 박근혜 정부가 현금 지원을 하고 있고, 새누리당 시의원들이 사회적 기업 인증심사 때 최고 점수를 주었으니 '일거리를 준 내가 종북이면 몇 억씩 지원한 박근혜 대통령은 고정간첩이다' 했다. 그러자 더 이상 '종북' 운운하는 소리가 안 나왔다.

중요한 건 시민, 국민과 함께 꿈꾸고 실행할 창조적 언어다. 그래서 나는 늘 늦도록 잠을 이룰 수 없다.

경제민주화 전략, 문제는 민주화야

발제자 | 김상조 (한성대 무역학과 교수)
날짜 | 2015년 4월 25일 토요일

불패의 전사 김상조가 왔다. 삼성 총수 이건희를 법정에 불러내어 얼굴을 마주하고 싸우고도 학교에서 쫓겨나지 않았고 아직 죽지도, 기가 꺾이지도 않은 희귀종 경제학자다. 여전히 부지런히 책도 쓰고 팔리고 있고 강연도 다니고 있다. 재벌문제에서 김상조가 괜찮다고 하면 그제야 진짜 합법이다. 빠른 말씨, 쉼 없는 손짓, 명료한 관점. 그에게도 허점이 있다. 모든 용감한 사람은 눈물이 많다. 이 또한 상찬인가. 여름에는 흰 와이셔츠 한 장, 늘 후줄근한 양복 차림. 늘 낡은 가방을 들고 와서 랩톱을 끄집어내며 설명을 시작한다. 숨 돌릴 겨를이 없다. 질문이 나올까 싶으면 지레 "다 끝나고 나서!"라고 간단히 제압한 뒤 다시 거침없이 진행한다. 누군가 발제문 사이 빈틈을 찾아 빼곡하게 필기를 하고 있다. 토론을 보면 알 터이다.

발제 요약

│ 1퍼센트 부자증세로는 어림없다. 다 같이 1퍼센트씩 더 내자 │

봉급생활자인 당신이 내는 세금의 세율이 얼마인지 알고 있나요? 상위 1퍼센트가 내는 실효세율이 23.5퍼센트입니다. 백분위 2퍼센트로 가면 12퍼센트, 절반으로 뚝 떨어집니다. 상위 3퍼센트의 세율은 10퍼센트 미만이고, 상위 10퍼센트의 실효세율은 5퍼센트 미만입니다. 우리나라 소득자 1천 9백만 명 가운데 25퍼센트는 세금을 내지 않습니다. 과세기준 미달입니다. 그 다음 25퍼센트는 실효세율이 3퍼센트입니다. 이 실효세율 3퍼센트 미만의 세금을 내는 사람들이 1년에 내는 총 세금이 1백만 원 미만입니다. 이런 구조에서는 복지국가가 힘듭니다.(*이상은 2013년 기준 통계이다. 2014년에는 소득공제를 세액공제로 바꾸는 소득세법 개정으로 인해 면세자 비중이 전체 소득자의 거의 절반으로 늘어났다.)

부자증세만으로 복지국가를 만드는 데는 한계가 있습니다. 세금을 면제받는 저소득층에게 '세금 월 1~2만 원 냅시다. 세금을 냈으니 사회복지는 당연한 것이라고 주장합시다'라고 설득해야 합니다. 중산층에게는 1년에 세금 10만 원 더 내고 영유아 보육비 한 달에 20만 원씩 받는 권리를 당당히 주장하자고 설득해야 하고요.

'유리지갑'만 털지 말고, 4대 재벌 법인세율도 고쳐야 합니다. 또 보편적 복지를 위해서 소비세율도 올려야 하고요. 북유럽의 보편적 복지 재원의 상당 부분은 이 소비세율 인상에서 나옵니다. 그런데 소비세율(부가가치세) 인상은 가난한 사람들에게 더 부담을 줍니다. 그래서 먼저 소득세와 법인세의 정상화가 필요합니다. 소비세율 인상은 복지에 쓰인다는 믿음을 사람들에게 심어주는 것이 무엇보다 중요합니다.

경제민주화를 위해서는 재벌의 구조 개편이 시급합니다. 기업의 전체 의사결정을 내리는 재벌총수는 등기이사도 아닙니다. 그러다 보니 권한과 책임이 불일치하여 그룹의 전체 의사결정자에게 책임을 물을 수가 없습니다. 우리나라 노동관계법은 개별 회사 내에서의 노사관계를 전제로 하기 때문에 월급사장은 힘이 없고, 실질적인 결정권은 그룹을 이끄는 재벌총수가 행사합니다. 이런 법 체계에서는 개별 회사의 노동조합은 실질적인 의사결정자와 협상할 법적 수단조차 없어요.

하청문제도 있습니다. 맨 위에 원사업자인 대기업이 1차 협력업체와 거래할 때 1차 협력업체가 거래하는 2차, 3차 협력업체의 거래조건 또는 노동조건에 개입하면 공정거래법 위반입니다. 이 구조로는 중소기업의 비정규직 문제나 저임금 문제를 해결하기 어렵기 때문에 사업자인 대기업이 직접 거래하는 1차 협력업체만이 아니라 2차, 3차 협력업체의 거래조건 및 노동문제에 관해 일정한 책임을 지는 방식이 하나의 해결책입니다. 이것이 뉴 노멀 시대의 경제민주화 전략입니다.

경제민주화로 기업들이 해외로 빠져나가면?

이재명　보통 재벌개혁이나 경제민주화, 구체적으로 법인세 실효세율 인상이나 고용안정 같은 이야기를 하면 재계에서는 '한국에서 기업할 필요가 뭐 있느냐, 탈출하겠다' 하지 않습니까. 실제로 가능한 일입니까?

김상조　생산공장에 한해서는 그럴 수 있습니다. 예를 들어 삼성전자 스마트폰 갤럭시 S6는 전부 베트남에서 만들어요. 하지만 기업활동이나 경제활동의 근거지인 본사를 해외로 옮긴다고는 생각하지 않아요. 핵심공정은 국내에 남을 수밖에 없어요.

이재명　법인세 인상은 어떤가요? OECD 평균 법인세 실효세율이 22퍼센트 정도인데 우리나라는 16퍼센트대라는 것 아닙니까. 만약에 해외로 가면 세금을 더 많이 내야 하는 상황인 거죠?

김상조　법인세를 얼마나 낮추겠습니까? 지금 우리나라 법인세는 2백억 원을 기준으로 20퍼센트, 22퍼센트 구조거든요. 낮춰봐야 2퍼센트에요. 그런데 기업 입장에서 투자처를 고를 때는 법인세 2퍼센트가 그리 중요하지 않아요. 이것 때문에 탈출한다면 정말 거짓말입니다.

'글로벌 스탠더드'에 한참 못 미치는 노사관계

이재명　고용안정성 문제는 좀 어떻습니까? 전 국민의 삶이 어려운 가장 큰 이유도 고용불안 아니에요? 임금도 낮고 고용도 불안정하여 소비를 하지 않으니까 순환이 안 되는 건데……

김상조　해외 기업이 우리나라에 투자하지 않는 가장 중요한 이유는 노사관계입니다. 노조가 강성이고 임금이 높은 건 별 문제가 아니에요. 비용이 좀 들더라도 원하는 방식으로 바꿀 수만 있다면 투자할 거예요. 그런데 한국 노사관계를 원하는 대로 바꿀 수 있을지 예측이 안 된다는 거죠.

정부 탓도 커요. 한국은 노조 조직률 10퍼센트에 협약적용률 10퍼센트입니다. 프랑스는 노조 조직률이 8퍼센트인데 협약적용률은 80퍼센트가 넘어요. 이게 바로 프랑스의 연대정신이고, 화물차 노조가 두 달간 파업해도 국민이 참고 넘기는 이유예요. 여기서 타결되면 그게 자신들의 삶에도 적용이 되거든요. 노사협상을 하면 정부가 보증해서 정책으로 확실히 실행해요. 우리는 그렇지 않죠.

이재명 노동고용 유연화는 국제적인 기준에 비춰보면 타당합니까?

김상조 정말로 우리나라의 노동시장은 이중구조화되었습니다. 10퍼센트의 조직화된 노조원은 기득권이라고 이야기할 만한 측면이 분명히 있어요. 한국의 노동시장은 과보호받는 10퍼센트의 노동자와 전혀 보호받지 못하는 90퍼센트의 노동자가 공존합니다. 그걸 노조만의 책임이라고는 할 수 없습니다. 쌍방책임이죠.

재벌 사이에도 양극화가 있다

이재명 재벌 양극화도 심하다고 하는데, 구체적으로 어떤가요?

김상조 외환위기 당시 30대 재벌 가운데 절반이 부도가 났어요. 그런데 살아남은 재벌로의 집중은 더 심화되었어요. 그중에서도 특히 삼성, 현대차, LG, SK 4대 재벌과 거기서 계열분리된 신세계, CJ, 현대중공업, 현대백화점, GS, LS 등 4대 재벌의 친족그룹까지 합치면 현재 30대 재벌 중에서 한 13~14개 정도예요. 이들만 잘나갑니다.

이재명　범4대 재벌들이 국민경제의 65퍼센트를 차지하고 있다는 건가요?

김상조　그 재벌들의 자산을 GDP와 비교하면 그렇습니다. 이제 30대 재벌의 시대가 아니라 4대 가문의 시대가 되었어요. 나머지 하위재벌들은 암담합니다. 재벌도 양극화된 거지요. *실제로 2016년 대우조선해양과 한진해운 등이 구조조정으로 큰 몸살을 앓았다. 부실기업 구조조정이 아마 올해나 내년에 큰 문제가 될 수 있어요. 이미 우리나라의 5대 구조불황산업이 생겼습니다. 건설업, 조선업, 해운업, 철강업, 석유화학이에요. 한국경제에 굉장히 중요한 산업들인데, 성한 기업이 없어요. 50대 재벌그룹의 계열사 간의 내부거래를 모두 제거한 재무재표를 보면 심각한 수준입니다.

　부실기업 판정 기준은 크게 두 가지입니다. 부채비율이 2백 퍼센트가 넘으면 일단 위험하다고 봐요. 그 다음에 이자보상비율이 1백 퍼센트가 되지 않으면 문제가 있다고 봅니다. 이자보상비율 1백 퍼센트란 영업이익, 즉 자기 본업을 통해 번 돈으로 이자를 갚고 나면 아무것도 안 남는다는 뜻이에요. 이 두 가지 악조건이 동시에 2~3년 정도 지속되는데도 살아난 기업을 지금까지 한 번도 못 봤습니다.

	2010		2011		2012		2013	
	부채비율	이자보상배율	부채비율	이자보상배율	부채비율	이자보상배율	부채비율	이자보상배율
한진	387.9	0.50	558.9	-0.02	678.4	0.04	736.1	-0.16
한화	124.7	3.43	219.2	1.51	227.5	1.15	540.8	1.12
두산	365.8	2.09	412.3	2.04	405.4	0.89	243.7	1.50
LS	242.9	2.98	223.6	2.15	209.5	2.15	202.7	2.50
대우조선해양	296.8	6.37	278.3	7.36	255.7	3.11	301.4	2.21
부영	341.5	4.23	333.3	13.75	326.6	10.48	343.7	7.19
동부	250.0	-0.12	355.1	0.18	397.6	0.30	491.9	-0.20
현대	251.2	2.10	473.2	-0.83	895.5	-1.06	2,448.2	-0.53
효성	241.6	2.12	325.6	0.69	311.5	0.82	375.6	1.95
동국제강	206.4	1.63	222.3	1.25	227.3	-0.30	246.2	0.53
코오롱	217.8	2.28	249.8	4.42	245.6	1.80	251.0	1.77
한진중공업	267.8	1.01	241.6	0.42	256.1	0.26	289.9	-0.58
한라			263.0	3.19	271.5	0.33	299.5	0.41
한국지엠	206.5	4.18	187.4	15.60	307.4	-6.99	415.3	8.02
홈플러스	582.1	2.03	317.5	3.27	255.2	3.77	177.3	3.32
현대산업개발	166.2	1.27	126.7	3.65	107.8	6.71	207.1	-1.65
이랜드			408.8	2.11	369.1	1.86	398.6	2.33
대성	183.8	3.69	176.4	0.69	220.2	0.57	219.4	-0.28
한솔			249.4	1.00	250.5	1.02	241.0	1.34
구조조정그룹 금호아시아나	581.7	2.23						
STX	481.1	0.89						
웅진	258.9	3.03						
동양	486.7	-0.13						
대한전선	490.9	0.02						

재벌의 연결기준 부채비율과 이자보상배율(%, 배)

이해영   현대는 부채비율이 2,448퍼센트인데, 이게 어떻게 가능하죠?

김상조   계열사 부당지원과 국책은행 돈으로 연명하는 거죠. 그래서 제가 배임으로 고발했죠. 그런데 고발한 지 1년 반이 되었는데도 검찰이 고발인 조사도 하지 않았어요.

이해영   현대 어디어디가 저기에 들어 있나요?

김상조   특히 현대상선이 문제인데요. 핵심 계열사가 조금 전 말씀드린 5대 구조불황산업에 들어가 있고, 그룹 전체 상황도 저 모양입니다.

이해영 그럼 조만간 날아갈 그룹이 꽤 된다는 거네요.

김상조 구조조정이 안 된다면 위험수위 그룹의 의사결정자들이 전부 다 로비하고 분탕질을 하는 거예요. 다음 정권 때는 위험수위에 있는 그룹들 대부분이 검찰수사 내지는 특검을 받을 겁니다.

합리적이라면 재벌도 법인세 인상에 동의한다

이재명 법인세도 일종의 누진제도가 있는 건가요?

김상조 지금은 2백억 원 미만은 20퍼센트, 2백억 원이 넘으면 22퍼센트, 딱 이 두 단계뿐입니다. 세율 전체를 올리는 건 현실적으로 불가능해요. 중소기업 부담이 있기 때문이죠. 2백억 원 이상에서 과세구간을 새로 만들어야 해요. 연 이익이 1천억 원이 넘는 기업은 우리나라에 4백 개 정도밖에 없어요. 이 구간의 세율을 25퍼센트로 하는 형태가 법인세 정상화의 방법일 겁니다.

이재명 외국의 경우는 어떻습니까?

김상조 제가 조세전문가는 아닙니다만, 세 개 구간 정도가 가장 많은 것 같아요.

이재명 지금 우리 경제의 활력이 떨어진 가장 큰 이유가 결국 국민들 소득이 낮아져서 쓸 돈이 없어서 아닙니까. 경제학적으로 이야기하면 유효수요가 줄어든 거죠. 물건을 살 사람이 없으면 결국 기업도 죽잖아요. 법인세 구간 신설 등으로 일종의 누진제를 만들어서 대기업의 사내유보금을 빼다가 국민들에게 풀면 유효수요가 살아날 거 아니에요? 그러면 경제도 살아날 텐데 그런 점에서 기업가들은 동의를 하지 않습니까?

김상조 재벌도 차라리 증세하는 게 낫다고 해요. 얼마 전에 한 그룹의 부회장이, 정부가 규제 완화하고 법인세 인상은 없다고 하면서도 실제로는 '투자해라, 고용 늘려라' 팔을 비틀어서 아주 죽겠다는 거예요. 차라리 정부가 법인세 깨끗하게 걷어가서 복지를 하든, 도로를 닦든 하는 게 기업이 더 편한 방법이라고 하더라고요.

이재명 그러니까 법인세를 일종의 누진세로 만들어서 증세하는 게 저항이 크지 않을 수도 있다는 건가요?

김상조 새로운 과세구간을 만든다, 그 대신 지금처럼 팔을 비틀지 않을 거다, 하는 신뢰가 생기면 삼성, 현대자동차 등에서도 반대할 이유가 없어요.

이재명 상당히 희망적이네요.

사회자 이런 현실을 잘 고치면 민주사회가 되겠죠. 지금 이 상태가 계속되면 대중은 좌절해요. 자칫하면, 특히 젊은 사람들이 진보와 보수를 떠나서 이런 문제를 한 방에 해결하는 왜곡된 파시즘적 사고로 기울 가능성이 있어요.

김상조　당과 지도자가 여러 정책의 조화와 구체적인 실행방안을 비전으로 제시하지 못하면 국민에게 신뢰받기 어려울 거예요.

사회자　조세 저항을 돌파하는 건 국민이 신뢰하고 기대하는 정치 지도자에게 달렸어요.

이재명　비상식의 상식화! 정통 보수인 내 숙제네요.(웃음)

사회자　여기까지 하겠습니다.

　　김상조가 가방을 챙겨서 가버렸다. 토론이 끝나고 발제자가 먼저 저녁을 먹지 않겠다고 하는 경우는 극히 드물다. 약속은 굳이 하지 않더라도 오후 토론이 있다면 저녁자리는 자연스럽게 연결되는 편이다. 그는 가야만 하는 피치 못할 일이 있었다. 아니, 그게 김상조다. 그는 어떤 좋은 핑계를 대고 공부하러 갔을 게다.

　　4월 토론의 뒤풀이는 경제문제보다 4·16 세월호 참사 1주기 이야기가 주를 이루었다. 성남시는 시청 앞에 4·16 세월호 형상을 한 조형물을 설치하고 깃발을 304개 꽂아두었다. 마지막 한 사람이 돌아올 때까지, 또 세월호 참사문제가 완전히 해결될 때까지 기다리겠다는 뜻이다. 유가족들도 방문을 하고 시민들도 찾아와서 꽃을 바친다. 조형물 안에는 책상 한 개가 놓여 있다. 죽은 자를 위한 경제학, 아니 세월호의 경제학은 어떻게 되어야 할까.

이 재 명 은
생 각 한 다

○────────────────────────────

양극화가 심화되었다. 성남의 살림을 맡고 있는 나로서는 절감할 수밖에 없는 주제다. 이대로 가면 1천 6백만 원도 못 버는 1천만 노동자와 그 가족들은 미래가 없다. 소비자를 잃은 기업은 하나둘 쓰러질 것이다. 우리 경제에 숨통을 틔워주던 중국 경제도 정체기로 접어들었고, 중국의 산업구조도 변하고 있다. 함께 지혜를 모으지 않으면 자칫 큰 구렁텅이에 빠질 수 있다는 위기를 체감하고 있다.

재벌들도 알고 있다, 자신들이 세금을 더 많이 내야 한다는 사실을. 김상조 교수의 제안처럼 4대 대기업에 맞춰 '법인세 구간 신설'을 추진해야겠다. 다양한 복지 수요를 채우려면 수혜자인 국민 모두가 지금보다 1퍼센트씩 높은 세율을 부담해야 한다. 국민들에게 돈을 더 내놓으라고 말하기 어렵고 미안하지만, 그 길을 외면할 수만은 없지 않을까. 증세 없는 복지가 얼마나 허구인지 지난 4년 동안 여실히 보지 않았는가. 법인세 인상하고 4대강이나 방산비리 같은 부정부패나 방만한 예산운영을 철저히 차단하면서 '나와 우리'를 위해 세금을 더 내자고 하면 국민들도 동의하지 않을까.

세금은 '복지를 위한 곗돈'이라고 해두자. 숨통을 죄기 위함이 아니라 거둔 만큼 삶이 나아진다는 것을 국민들에게 꼭 증명할 것이다.

회색자본주의 저편

발제자 | 백일(울산과학대 유통경영과 교수)
날짜 | 2015년 5월 30일 토요일

울산에서 백일이 올라왔다. 목소리가 걸걸하고 무뚝뚝하고 걸음새가 범 같다. 덩치만 조금 더 컸다면 창백한 책상물림보다는 무인이 걸맞다. 의사표현도 마찬가지다. 잘게 써는 학문이 아니라 장검으로 단칼에 벨 듯하다. 무엄한 세상을 평정하려는 기세다. 단출한 매무새, 헌걸찬 의기가 넘쳐난다. 이름부터 간명한 한 글자다. 일. 무얼 더 보태겠는가. 들어보시라. 백일경제학 강론. 문제는 제목이 '회색자본주의 저편'이라는 것이다. 최태욱은 늦게 당도했고 이해영은 날씨가 좋다고 연방 비경제적인 너스레를 늘어놓았다. 백일은 무심히 발제를 이어갈 뿐.

발제 요약

| 보편복지를 위한 노력이 필요하다 |

오늘 이야기할 주제는 복지사회 논쟁과 회색자본주의 향방입니다.

2012년 대선 때가 생각나네요. 당시 박근혜 후보가 노인들에게 기초연금을 20만 원씩 준다고 약속했어요. 보수 쪽에서 보편적 복지를 먼저 들고 나왔죠. 민주당은 복지가 자신들의 특허품인 줄 알고 있다가 역공을 당한 겁니다. 공부하고 준비한 사람이 없으니까 우물쭈물하다가 반격도 못했어요. 이렇게 당하기 싫으면 평소 복지문제를 공부해야 합니다.

우선 국민연금을 볼까요? 연금제도는 은퇴 후에 은퇴 전 소득 수준의 몇 퍼센트를 받느냐가 중요해요. 이를 '소득대체율'이라고 하는데요. 선진국들은 대체로 70퍼센트 가까이 됩니다. 그런데 우리나라는 40년 가입한 사람이 40퍼센트 수준이에요. 그런데 40년 가입자는 거의 없죠. 결국 2~30퍼센트에 머뭅니다. 그래서 야당이 국민연금 소득대체율을 50퍼센트로 올리자고 주장하는 겁니다. 그런데 여당은 그렇게 하면 나라가 망한다고 연금폭탄론을 터뜨렸어요. 이런 '회색자본주의'가 연금제도를 죽이는 겁니다.

세금도 볼까요? 정부는 세금을 서민 위주로 거두어갑니다. 서민들의 조세저항, 복지혐오에 기름을 붓기 위한 전략이죠. 그러면 서민들은 '증세 그만하자, 복지 그만하자'고 말하죠. 사실 잘못은 서민만 쥐어짜는 조세제도인데, 서민들은 당장 눈에 보이는 복지제도를 탓하죠. 노무현 정부 때 종부세도 부동산 6억 이상인 사람들만을 대상으로 했어요. 그런데 무슨 서민증세인 것처럼 난리가 났어요.

더 심각한 문제는 노동자와 자영업자는 국민연금의 혜택을 못 받는 경우가 많다는 것입니다. 아르바이트나 비정규직 7백만 명은 노후대책이 전혀 없는 거지요. 7백만 명 가까이 되는 자영업자도 마찬가지고요. 물론 자영업자도 한 사람 이상을 정규직으로 고용하면 연금과 건강보험에 가입할 자격을 주지만, 과연 그럴 만한 사람이 얼마나 될까요?

결국 직장보험보다 2~3배 비싼 지역보험에 가입할 수밖에 없는 거지요. 현재 지역건강보험 가입자들 평균 보험료가 24~25만 원 정도예요. 연간 3백만 원 정도인데, 쉽게 감당하기 어려운 금액이죠. 그런데 연금은 공적부조가 아니라 보험이에요. 그러니까 국민연금은 복지가 아니라 보험이고, 보편적 복지가 아니라 선별적 복지라는 거예요.

보편적 복지를 이야기하려면 공적부조를 다루어야 해요. 공적부조라는 건 국가가 세금으로 가난한 사람을 돕는 개념인데, 우리나라는 OECD 국가 중 꼴찌 수준이에요. 2퍼센트를 겨우 넘는 수준이죠.

현재 수준에서 보편적 복지로 전환하려면 우리 경제가 그것을 감당할 수 있는지 고려해야 합니다. 2014년 통계청 통계를 보면 가구당 월 소득이 평균 421~430만 원이고, 소비지출은 약 250만 원 정도입니다. 그런데 소비지출보다 비소비지출이 가파르게 오르고 있어요. 그러니 국민들 쓸 돈이 급속하게 줄어드는 거지요. 내수시장도 작아지고요.

인구는 줄고, 연금으로 받는 돈은 적고, 결국 젊은 사람들이 많은 노인을 부양해야 한다는 공포론이 확산되고 있어요. 현재 30~50대가 주로 연금을 내는데 향후 보험료를 두 배로 올려 60세 이상 노인을 모신다는 거지요. 세대차 착취론의 현실화입니다. 이래서 국가의 태도가 중요한 것입니다. 정부보조금이나 정부의 기여로 이 문제를 해결할 수 있습니다. 예를 들면 기초노인연금 수당을 들 수 있죠. 이것은 엄밀히 말해 연금이 아니라 수당이에요. '기초노인수당'이죠.

그래서 결국 우리가 공적부조로 갈 수 있겠는가? 예산이 문제이죠. 2015년 예산 편성을 보았을 때, 결국 예산을 빼올 여력이 되는 것은 사회간접자본과 국방이에요. 국방비는 37.5조 원으로 전체 예산의 10퍼센트입니다. 그래서 평화체제를 만드는 것이 우리나라 복지뿐 아니라 경제에도 대단히 중요합니다.

비행기 두 대만 사지 않으면 청년실업 예산을 두 배로 늘릴 수 있어요. 덩치만 큰 구식 군대보다 소수정예 군대가 더 강할 수 있어요. 일본 자위대 정규군이 10만인데 우리 군대 규모의 1/6 수준이에요. 그래도 우리보다 훨씬 세다고 하잖아요.

마지막으로 정말 중요한 것 한 가지만 말씀드리고 마치겠습니다. 국민들에게 연금을 자꾸 더 내라고 하는데, 그렇게 모은 돈을 '주식시장 파수꾼'으로 쓴다는 이야기가 있어요. 우리 국민연금기금이 3백조 원 규모로 세계 주식시장의 5대 큰손이에요. 주식시장에 들어와 있는 국민연금기금의 투자액이 시가총액의 35퍼센트입니다. 지금 코스닥이나 코스피가 고공행진을 유지하는 핵심은 연금에 있다는 거예요.

'국방경제론', 증세 없는 복지는 가능하다

이재명　우리나라 복지 지출이 GDP 대비 10퍼센트에 불과하다는 건 조세부담률도 매우 낮다는 거죠?

백일　우리나라 조세부담률은 21퍼센트 정도입니다. 스웨덴, 덴마

크 등은 50퍼센트를 다 넘어가죠. 그런데 우리 국민이 세금 낸 만큼 사회복지를 제대로 받고 있느냐면, 그건 아니거든요. 이런 상황하에서 증세는 어림없죠.

이재명　우리는 복지 저부담 저지출 구조인 거네요. 그럼 있는 것부터 잘 써서 믿음을 줘야죠. 그런데 국민들이 복지 확대를 원하면서도 조세 저항은 거세요. 복지가 늘어날 거라는 기대보다 세금 더 뜯긴다는 불안감이 더 크잖아요. 기득권이 그걸 계속 자극한단 말이죠. 그래서 말인데, 증세 없이 복지는 정말 불가능할까요? 비리만 줄여도 국방비 감축이 가능할 텐데 말이죠. 그런데 국방비 감축을 주장하면 또 종북으로 몰잖아요. '평화 배당' 같은 이야기를 하면 어떨까 싶어요. 예를 들면 방산사업 비리 예산 2조 원을 절약하여 국민에게 2조 원의 복지로 돌려드리겠다는 거예요. 자연스럽게 군축도 되고요. 국민정서상 어떨까요? 물론 군부는 반대하겠지만 국민 상당수는 동의할 것 같은데요.

백일　덩치만 큰 구식 군대보다 소수정예 군대가 더 세다는 걸 함께 말해보세요. 일본 자위대 정규군이 10만 명이에요. 우리 군대의 1/6인데도 훨씬 세다고 하잖아요. 인건비만 많이 나오는 지금 군대보다, 최첨단 소수정예에 운영비도 더 싼 국방을 하겠다고 약속하는 거죠. 그렇게 아낀 돈으로 복지를 더 하고요.

이재명　남북이 상호감축하면 남북화해에도 큰 도움이 되잖아요. 복지도 그렇지만 한반도 평화를 위해서라도 국방비를 얼마나 줄일 수 있을지 연구해야 할 때가 온 것 같아요. 대북 지원 금액에 대해서도 정확한 언급이 필요해요. 이건 상대가 무기를 안 만들게 하는 비용이 잖아요. 남북이 서로 무기를 덜 만들고 복지에 투자하면 경제적으로 얼마나 이득인지 따져보자는 거죠. 이런 연구가 백지상태니까 아무 말도 못하고 만날 국방부에 돈을 뜯기잖아요. 아울러 국방예산에서 낭비 요소도 철저하게 짚어봐야 할 거고요.

선先 부자증세, 후後 보편증세

이재명　지금 법인세 실효세율이 OECD 평균보다 5~6퍼센트 더 낮잖아요? 이 실효세율을 1퍼센트만 올려도 조 단위가 되는 거 아닌가요?

백일　법인세 인상을 크고 작은 모든 기업이 아니라, 상위 초재벌들에만 하자는 거예요. 정당성이 있죠. 왜냐면 외환위기 이후 그들이 성장한 중요한 동력이 환율이거든요. 수출을 많이 하면 환차익이 어마어마해요. 그래서 지금 사내유보금이 삼성, 현대자동차 같은 경우에는 몇십조 원, 몇백조 원이 된다는 설이 있잖아요. 그러는 동안 수입 물가는 올라서 국민들에게 경제적 부담을 지우고 자기들은 수출해서 환차익을 먹었다는 이야기거든요.

이재명　전 국민의 주머니를 턴 거예요.

백일　결국 사회적 · 국가적 환경과 배경으로 성장한 것이지 자기들이 잘한 게 아니라는 이야기입니다. 그러면 당연히 법인세를 내야죠.

이재명　법인세 부담률이 중소기업보다 대기업들이 훨씬 낮잖아요?

이해영　그런데 상위 1퍼센트 증세, 법인세 인상, 다 좋은데 딜레마는 그렇게 증세해봐야 1년에 2조밖에 안 돼요. 상위 1퍼센트에게 필요한 복지비용을 걷으려는 건 무리예요. 어마어마한 조세 저항이 생길 거예요.

백일　법인세든 뭐든 세금 면제 부분이 있어요. 예를 들어 5백억 원 이하 기업만 해도 굉장히 큰 기업인데 이걸 가계로 대물림하면 상속세가 없어요.(가업 상속 공제 한도 5백 억 원) 또 재벌이 자식에게 물려주려고 주식이나 채권을 신규발행(신주인수권부사채)하면 신고비용 정도만 떼요. 가격상승분에는 세금을 안 매겨서 사실상 불법증여가 되는 거죠.

이해영　부자증세만으로는 복지 재원을 다 마련할 수 없어요. 그래서 정책 고민할 때 방금 말씀하신 것들과 함께 예를 들어 토빈세(모든 외환 거래에 0.1~0.5퍼센트의 거래세를 부과한다. 금융자본 투기 방지 수단으로 고안되었으며, 1981년 노벨경제학상 수상자인 제임스 토빈James Tobin이 주장하였다.) 같은 여러 도구를 준비해야 된다는 거죠.

이재명　낼 것 있는 사람이 더 내야죠. 주식이나 부동산 같은 자산소득도 과세를 강화하고요.

백일　일반 시민들 세금은 하나도 안 오른다는 걸 알리는 게 핵심이에요. 안심하시라, 저 위에 있는 사람들에게서 돈을 빼오는 거다.

이재명　증세를 하면 조세 부담이 늘어나는 것은 극히 일부라는 것과 현재의 조세체계가 매우 불합리하여 상위 몇 퍼센트에게만 유리해서 OECD 기준과 맞추는 것이 필요하다고 명확하게 지적해야죠. 궁금한 건 많은데 시간이 안 될 테니까 요약한 자료 있으면 챙겨주세요. 제가 검정고시 출신이라 읽는 게 너무 힘들어서요.(웃음)

사회자　배우려는 학생의 자세가 무르익고 있네요. 수고하셨습니다.

　5월은 바쁘다. 산도, 들도, 광주도, 사람도 바쁘다. 안타깝게도 경제는 침잠하느라 바쁘다. 5월인데도 한국경제는 생동하는 기색이 전혀 없다. 현 정권은 경제민주화는 이미 달성했다고 발표한 바 있다. 그들이 생각하고 집행하는 민주주의란 나만의 민주주의다. 헌법 또한 마찬가지다. 그들이 말하는 자유는 나만의 자유다. 그들은 자유를 하사하는 선물쯤으로 여긴다. 이 정도면 무언가 근원적인 조처가 필요한 상황이다. 긴 발제와 토론 끝에 백일은 주먹을 불끈 쥐고 말했다. "때려 부수어야 합니다." 이는 모든 경제학을 일거에 뛰어넘는 경제학이다. 그렇다. 백일의 경제학은 심장의 경제학이다.

연금문제와 공적부조에 대해서 쉽고 힘차게 의견을 개진한 백일 교수의 자세가 마음에 든다. 그의 이야기에 빠졌다가 곧 토론에 집중하다 보니 분위기는 달아올랐다. 시 행정을 하면서 내가 가장 중요하게 생각했던 건 복지다. 학생들에게는 교복을, 일자리문제로 고민하는 청년들에게 청년수당을, 산후조리원이 비싸 못 가는 산모에게는 출산 보조금을 지원했다. 모두에게 공평하게.

처음에는 복지 포퓰리즘이라고 반대도 많았다. 지금 성남에는 교복이 없어 학교에 가기 어려운 중학생은 없다. 고등학생 교복도 곧 해결될 것으로 본다. 이 길이 옳기 때문이다. 세상에서 가장 남는 장사는 '인재 장사'라고 했다. 작은 것에서 미래를 본다. 작은 것이란 삶의 구체성이다. 거기에 가닿는 정치가 내가 생각하는 정치다.

노인복지라고 다르겠는가. 이 나라를 이만큼 성장케 한 데는 노인 세대들의 공로를 뺄 수 없다. 꼭 그들의 땀과 눈물의 양만큼 발전했다고 나는 믿고 있다. 오늘날 그들이 처한 현실은 정작 그와 너무 다르다. OECD 노인빈곤율 1위, 노인 50퍼센트가 경제적 어려움을 겪고 있고, 노인자살 원인의 대부분이 경제적인 어려움에 있다. 폐지 줍는 노인의 굽은 뒷모습은 표정 없이 말하고 있지 않은가.

국민연금 소득대체율도 올리고, 복지 재원도 마련해야 한다. 우선 매년 30조 넘게 과잉 지출되는 국방비의 비리부터 줄여야 한다. 우리 국민들은 이제껏 세금 꼬박꼬박 내고 젊어서 국방의무도 다하며 충실히 애국하고 희생해왔다.

이분들의 굽은 등을 펴게 하고 싶다.

꽃이 지는 늦봄, 돌아가는 밤길이 멀고 길다.

평화가 가장 비용이 싸다

발제자 ┃ 김연철(인제대 통일학부 교수)
날짜 ┃ 2015년 6월 27일 토요일

이름 석 자 김연철이다. 목소리도 유연하다. 이윽고 대화를 나누는 시간이 길어질수록 알게 되리라. 그는 진짜 부드러운 철을 내장한 통일과 평화 이론가이고 개성공단을 열 때 통일부에서 일한, 경험 풍부한 지식인이다. 어디서나 나긋나긋하지만 내용 알차고 뼈대가 튼실하다. 어설픈 관념을 들이댔다가는 살아남지 못한다. 그의 발언 속에는 씨앗과 거름이 융합되어 있다.

통일은 밥이다. 평화는 밥이다. 밥이 되는 통일과 평화야말로 우리 시대의 지혜다. 먹고 또 먹어도 배부르지 않은 게 평화다. 평화에는 과거형이 없다. 현재의 평화를 생성시키기 위한 토론 자리가 펼쳐졌다. 함께 고민하고 평화의 밥을 나눠먹기 위하여 여기 옮긴다.

발제 요약

| 대북지원은 퍼주기가 아니다 |

남북문제에서 퍼주기 논란이 많습니다. 그런데 혹시 여러분은 북한에 쌀을 준 게 그냥 퍼준 것이 아니라 차관으로 빌려준 것이란 사실을 알고 계세요? 차관 조건이 10년 거치 20년 분할상환이었어요. 실제로 북한도 공짜로 달라고 한 것은 아니었습니다. 그런데 10년 거치기간이 이명박 정부 때 끝났죠. 그럼 이제 분할로 상환받아야겠지요. 받는 방법은 여러 가지입니다. 북한의 풍부한 광물로도 받을 수 있고요. 그런데 2010년 천안함사건, 5·24조치 등으로 남북관계가 냉각되어 상환을 받을 수 없게 되었습니다. 책임을 져야 할 이명박근혜 정부는 오히려 퍼주기를 했다고 민주정부를 비난합니다.

보수 쪽에서는 경제협력도 퍼주기라고 비난해요. 실질적으로 따져보면 경제협력으로 우리가 얻는 이득이 더 많아요. 개성공단 노동자의 한 달 임금이 15만 원 정도입니다. 베트남이 29만 원이니까 훨씬 싸죠. 임금으로 6천억 원 정도 주었는데, 생산액이 3조 8천억 원입니다. 엄청 남는 장사죠. 그런데도 보수는 임금 주는 걸 '퍼주기'라고 했습니다.

지금이야말로 북방경제가 필요합니다. 과거 우리는 연평균 7퍼센트 성장하였는데, 지금은 2퍼센트입니다. 이 상태면 2030년에는 0퍼센트가 될 것입니다. 잠재성장력을 확충하려면 북방으로 개방을 할 수밖에 없습니다. 북한이라는 다리를 통해서 동북3성과 극동, 대륙 경제와 연계해야 합니다.

국방만큼 민생과 밀접히 연결된 것도 드뭅니다. 간단히 '코리아 디스카

운트'를 생각해보세요. 한반도 정세변화가 우리 경제에 미치는 영향은 상상을 초월합니다. 국방개혁이 국방비 축소로 곧바로 연결되지 않더라도 장기적 관점으로 국방비 축소를 위한 준비를 구체적으로 해야 합니다.

방산비리 문제가 심각해지는 데는 이유가 있습니다. 민주화 이후 여러 분야의 개혁이 실행되었지만, 국방 분야는 방치되었습니다. 군에 문민통치가 절실합니다. 과거 미국의 유능한 국방장관 중에는 기업 CEO 출신도 적지 않았습니다. 우리도 민간인이 주도하여 효율적인 무기 도입과 평가, 전력수요에 대한 냉정한 분석, 투명한 무기 구매가 이루어져야 합니다.

민생에 악영향을 주는 예비군제도 개편, 현실로 다가온 병력감축 준비, 복무기간의 문제 등 평화를 기반으로 한 국방의 문제는 곧 우리 민생 경제와도 관련이 있습니다.

방산비리를 없애면 생기는 효과

사회자   말씀하신 국방개혁을 달성하려면 순서가 아주 중요하다는 생각이 듭니다. 먼저 부패를 집요하게 공격하고, 이어서 국방장관 문민화 같은 걸 말해야 설득력이 있을 것으로 보입니다.

이재명   구체적인 근거를 만들어야 해요. 예를 들면 방탄복이나 K9 자주포 개발에서 발생한 문제 사례를 모두 수집하는 식이죠. 책정된 예산에서 얼마를 떼먹어서 실제로 얼마를 썼다, 그래서 통상적으로 예산의 얼마를 방산비리로 해먹었다, 하는 걸 국민에게 알려야 합니다. 현재 알려진 것만 대충 계산해도 1년에 방산비리로 10조 원이 털렸다는 거잖아요.

사회자   이렇게 계산하면 돼요. 1천 6백만 취업자 한 사람당 방산비리로 얼마씩 까먹은 셈이냐, 가령 방산비리로 날린 예산이 3조 원이면 한 사람당 20만 원씩 해마다 날린 것입니다. 그런 계산법으로 보여줘야 하는 거죠. 그러면서 사병 월급을 이야기하면 예비군제도 이야기도 저절로 나오게 되어 있어요.

이재명   연봉 2천 5백만 원이면 요즘 괜찮은 일자리죠. 1만 명이면 2천 5백억 원 아닌가요? 1조 원이면 직업군인 4만 명을 만들 수 있는 거네요.

민생과 젊음을 착취하는 예비군제도

김연철   방산비리 근절 방안을 제시하려면 체계가 있어야 합니다. 전체적인 국방개혁 방안이 필요합니다. 국방 분야에서 민생문제와 직결되는 현안도 있습니다. 예비군제도 같은 것이죠. 장사하는 사람들은 동원훈련 때문에 가게 문을 며칠씩 닫아야 합니다. 최근에는 예비군 훈련장에서 총기사고도 있었고요. 현재의 예비군제도를 더 이상 지속할 수 없는 상황에 이르렀다는 말입니다.

그런데도 예비군제도에 손을 못 대는 이유가 있습니다. 첫 번째 이유는 별자리들 생계문제입니다. 이 문제는 국방개혁에서 군 편제와 관련한 것입니다. 육군 중심·병력 중심의 군 체계에서 어떻게 미래지향적으로 군을 재편할 것인가, 하는 문제죠. 두 번째는 퇴역장교들 복지문제, 예비군 중대장들 생계문제입니다. 중령 등으로 예편하면 그나마 먹고살 수 있는 게 예비군 중대장이거든요. 그래서 예비군제도를 개편하려면 퇴역장교들 복지대책이 필요해요. 예비군제도 폐지는 전체 국방개혁을 상징하는 하나의 아이템입니다. 예비군제도 폐지, 국방비리, 병력감축, 모두 한 고리죠.

이재명　　예산 절감 효과는 얼마나 있는 거예요? 얼마 안 될 것 같은데요?

김연철　　예산보다는 민생이죠. 자영업자는 예비군훈련 때문에 손해가 큽니다. 더 큰 문제는 현재의 예비군제도가 과연 전투력 향상에 얼마나 도움을 줄 수 있느냐죠. 너무 형식적이죠.

이재명　　일본 자위대는 장교 중심이잖아요. 사실 지금은 훈련받은 병사가 그다지 의미가 없어요. 미사일과 첨단장비로 싸우는 시대에 병력으로 전쟁할 생각을 하다니요. 장교와 첨단무기 중심의 군대로 바꾸고 군 병력을 줄이고 부정부패를 없애면 예산을 얼마 줄일 수 있다, 그걸 다른 용도로 쓸 수 있다, 이렇게 말해야 사람들 관심을 끌 수 있어요.

부정부패 요소를 뿌리 뽑아서 세금 아낀다, 그런 다음 직업군인을 말해야죠. 직업군인제도를 도입하면 국민들 군복무 부담을 줄일 수 있다, 부정부패 요소를 없애서 효율화한 다음 직업군인제도를 도입하면 일자리 창출되고 강제로 예비군훈련 안 받아도 된다는, 그런 프로그램을 만들어야죠.

저출산 시대, 불가피한 병력감축

이재명　병력감축은 남북 상호합의하에 해야 되는데 북한은 어떨까요? 줄이자고 하면 좋아하지 않을까요? 북한은 말로는 전부 군대에 가 있다고 하면서도 알고 보면 건설현장에서 일하고 있다잖아요?

김연철　북한도 인구절벽을 맞이합니다. 1990년대 중반 식량위기를 겪으며 출산율이 떨어졌어요. 노동가능인구는 확 줄어드는데, 계속 과도한 병력을 유지할 수 없죠. 우리도 마찬가지고요. 2017년부터 노인 인구가 유소년 인구를 추월한다고 하잖아요. 병력자원이 인구감소 추세에 따라서 어마어마하게 줄어들기 때문에 준비해야 합니다.

이재명　병력을 상호 감축하자고 주장하면 사람들이 비판할까요?

김연철　상호 감군은 사실 새로운 이야기도 아니죠. 1991년 남북기본합의서 불가침부속합의서에 남북한이 합의한 군사적 신뢰구축 방안이 있습니다. 거기에 상호감군이 들어가 있어요.

이재명　이미 남북 간에 합의한 사항이란 말이죠?

김연철 네, 현대전은 숫자 싸움이 아니에요. 미국 사례를 이야기하면 미국이 우리보다 민간인 대비 군인 숫자가 적어요. 전체 인구 3억 명의 2퍼센트인 150만 명이 상비군이거든요. 그것도 직업예비군 전체를 합쳐서 말이죠.

이재명 군 복무기간을 줄이자는 논의를 할 때, 병력 규모를 얼마로 유지할지에 대한 장기목표를 세워야죠. 이에 따라 남북 간 합의하에 상호 감군을 하는 거예요. 이어서 상비군을 30만 명 정도로 줄이면서 이 중에 5만 명은 직업군인으로 전환하는 거죠. 이렇게 하면 의무적으로 군복무를 하는 숫자가 절반으로 줄거나 복무기간이 지금의 절반으로 줄 겁니다. 혹시 예를 들어 10만 명 감군하면 국방비 부담이 얼마나 줄어드는지 데이터가 있나요?

김연철 국방개혁 2020을 만들 때 계산한 적이 있습니다.

이재명 사병 수를 1/3로 줄이면 복무기간도 이론적으로 1/3로 줄일 수 있는 거죠?

김연철 그렇죠. 복무기간은 병력 수와 관계있죠.

이재명 군 규모를 줄이는 것, 부정부패를 없애는 것이 핵심이네요. 건설비리 같은 경우는 통계가 나와 있어요. 실제 시공에 투입된 비용이 계약금의 45퍼센트 선이라는 거죠. 군사비는 더할 거예요. 그걸 조사해 계속 활용하면 되죠. 군수비리는 실제 소요되는 비용이 액면가의 35~45퍼센트라더라, 하는 방식으로요.

성남시의 남북교류협력

사회자 지자체 차원에서 남북교류를 시도할 수 있을까요? 성남시도 북한과 축구 한번 하고 싶었어요. 그런 교류가 잘 안 되고 있는데 지자체장은 어떻게 대응하는 게 좋을까요?

김연철 남북교류협력 정책에서도 지방자치제도의 취지가 반영되어야 하는데, 그렇지 못합니다. 모든 허가권이 중앙정부에 있어요. 이제라도 남북교류협력법을 개정해서 지방자치단체가 주체로 참여할 수 있어야 해요. 지방자치단체는 민간이 아니거든요. 각자 조례도 있고 지방의회의 심의도 받고 예산도 법적 절차를 거쳐 확정됩니다. 동·서독 통일의 사례에서도 도시 간 교류가 굉장히 중요한 역할을 했습니다.

이재명 지금 말씀하신 동·서독의 도시 간 교류 같은 걸 성남시에서 한번 해보고 싶어요. 가령 중국 베이징이 회의를 주선하고 성남시와 북쪽 해주시가 같이 하는 거죠. 동·서독은 어떻게 도시 간 교류를 했나요?

김연철 주로 도시 간 자매결연 같은 걸 했죠. 문화적으로 인연이 있거나 접경지역이라거나 역사적 연고가 있거나, 그런 인연을 중심으로 자매결연을 했어요. 성남시도 가능하면 성남시의 특성을 살리는 게 좋겠다는 생각이 듭니다.

평화경제론을 싹 틔우자

사회자   정리하자면 국방, 평화, 안보 등 뭐라고 불러도 좋은데 두 가지를 해야 한다는 말씀이군요. 하나는 평화와 경제성장은 같이 간다는 걸 알리는 평화경제론, 두 번째는 방산비리 문제 등을 적극 제기해서 국방비를 윤리화하고 또 아끼는 거죠. 폭넓은 토론회도 할 수 있겠고요. 성남시에는 육군형무소뿐만 아니라 병자호란 당시 인조가 피신했던 남한산성도 있으니까!(웃음)

이재명   오늘 토론 주제로 평화를 이야기하니까 배가 부르네요. 평화가 밥이다!

김연철   평화경제론을 한마디로 요약하면 '평화는 땅이고, 경제는 꽃이다'라는 겁니다. 땅에서 피어나는 꽃이죠.

사회자   좋은 표현입니다. 좋은 정책은 좋은 표현을 먼저 갖습니다.

무용가 최승희가 살던 집 앞에서 저녁을 먹는다. 최승희는 죽고 그의 몸짓은 남과 북에 두루 남아 전통 춤이 되었다. 그는 일제에게 조센징으로 의심받았고, 북에서는 부르주아지로, 남에서는 공산주의자로 평가받았다. 그가 살던 종로 재동 옛집 대문 네 개짜리 돌계단은 안쪽으로 비스듬히 무너지고 있다. 그 틈새에 무심히 핀 민들레는 누구의 것인가. 한반도는 한번 춤을 춰야 한다. 상생과 화해의 춤을. 바람도 새 길을 가기 위해서는 춤을 춰야 하고 나뭇잎도 새 계절을 맞을 때 춤을 춘다. 땅과 사람이 춤을 추는 게 평화의 몸짓이렸다. 그날 최승희도 비로소 속박에서 벗어나리니. 오늘은 민들레가 춤을 춘다. 잎이 푸르다.

이재명은
분명히 기록을 남긴다

○────────────────────────────────

나는 우리가 쌀을 보내서 북한이 핵무기를 개발했다는 논리에 동의할 수 없다. 보수단체나 정부 여당은 대북 쌀지원을 퍼주기 프레임에 가두어서 정치적으로 공격한다. 그들이 말하는 것처럼 이 문제는 그렇게 간단하지 않다. 인도적인 측면뿐 아니라 경제적 측면이나 동북아 정세의 문제 등 여러 방향에서 꼼꼼히 들여다봐야 할, 곧 우리 운명이 걸린 문제다. 분단 상황은 우리나라 민주화 발전의 최대 걸림돌이기도 하지만 경제 발전에도 늘 문제를 일으킨다.

사드 때문에 어색해진 중국과의 관계는 어떤가. 중국은 우리와 1위 교역국이다. 밥 한 숟가락 입에 들어가는 것이 얼마나 겁나는 일인지 안다면, 강경일변도의 대북관계가 얼마나 순진한지, 아니 위험한지 알게 되리라.

나는 힘 자랑, 무기 자랑에 반대한다. 얄밉도록 영리하게 머리를 써야 한다. 우리나라는 몸집도 주먹도 작다. 덩치 큰 친구들이 주변에 넷이나 에우고 있고 어깨만 부딪혀도 싸우려고 으르렁대는 형국이다. 문제아 동생도 있다. 까딱하다간 싸움에 휘말리기 십상이다.

우리나라가 세계적인 갈등현장이란 것은, 동시에 평화를 모색할 수밖에 없는 운명을 뜻하는 것이기도 하다. 평화를 정착시켜가는 과정은 심리적 안정뿐 아니라 곧 복지증대로 연결될 수 있다. 유럽연합은 세계대전이라는 살육의 역사를 반성하며 무기 살 돈으로 경제협력체제를 만들었다. 그 중심에 우리나라를 세워야 한다.

희망은 어디에나 있다. 우리가 중심이 되어 한반도에서 평화를 시작해야 한다. 지금이라도 씨앗을 뿌려야 꽃을 볼 수 있지 않겠는가. 평화의 열매는 모두가 나누는 아름다운 성취가 될 것이다.

우리에게 노동은 무엇인가

발제자 | 김영훈(6기 민주노총 위원장)
날짜 | 2015년 9월 19일 토요일

김영훈은 세 가지 점에서 여느와 분명히 다르다.

우선 그는 노동운동가의 외형에 대한 통념을 깨뜨렸다. 흔히 떠올리게 되는 노동진영 활동가들의 꾀죄죄함이나 투박함이 보이지 않는다. 꼬깃꼬깃하지 않다. 궁상스런 입성이 운동가의 전형이라도 되는 양 해온 데 대해 그는 의도 없이 반기를 들어왔다고 해도 좋다. 그는 밝고, 과격함 따위는 찾을 길 없이 서글서글하다.

그는 구호보다 이론에 정교한 사람이다. 주체의 역할과 임무에 대해 결코 과도하지 않은 '공정한' 견해를 가지고 있고, 전망에 대해 그저 낙관하거나 하는 사람이 아니다. 비관은 더욱 하지 않는다. 그는 국가권력과 자본을 상대로 한 싸움에서 흥분된 감정을 내세우기보다 역학을 셈한 뒤 뒤집는 전법을 구사한다. 이를 통해 비로소 대중정서에 낙관을 고양시킨다.

아울러 그는 민주노총 위원장으로 한 번도 구속되지 않았다. 현재
는 하방해서 철도노조위원장이다. 경찰은 파업을 주도한 그를 끌고
갔지만 곧 다시 풀어주어야 했다. 권력이 함부로 몸을 앗아가도록 내
버려두지 않는 운동가인 것이다.

발 제 요 약

| 기업하기 좋은 나라 VS. 노동하기 좋은 나라 |

이명박 정부의 보수세력은 '기업하기 좋은 나라' '우리 모두 부자됩시다'
라는 구호를 국민들에게 선전했습니다. 하지만 결과는 대기업만 기업하
기 좋은 나라가 되었습니다. 저들은 귀족노조 때문에 비정규직이 고통
받는다는 프레임으로 노조를 약화시켰습니다. 우리는 '노동하기 좋은 나
라'가 절대 다수의 행복한 나라라고 프레임을 전환해야 합니다.
한국의 노조가 붕괴한 첫 번째 이유는 노조 조직률 하락입니다. 이명박
정부는 타임오프제를 실시하여 노조 전임자 임금 지급을 중지하고 복수
노조를 통해 회사 노조를 만들었습니다. 낮은 노조 조직률은 신자유주
의 등장 이후 전 세계적인 추세이지만, 우리나라처럼 조직률이 10퍼센
트 이하로 떨어진 경우는 없습니다. 파견과 하청을 확산하는 대기업 문
화 아래서 기업별 노조를 만드는 것도 불가능하죠.
노동운동 진영이 사회화 전략에 실패한 것도 노조가 붕괴한 두 번째 이

유입니다. 신자유주의의 강풍 아래 노선변화를 해야 했던 시기, 우리는 산별노조와 진보정당의 결합이라는 실험을 하였습니다. 이 전략이 성공했던 북유럽은 처음부터 산별노조였고, 그 동력으로 노동자당을 만들어 똘똘 뭉칠 수 있었습니다. 민주노총도 그 전략을 세웠지만, 이미 세상은 거대한 변화를 하고 있었습니다. 물론 산별노조 전환비율이 85퍼센트 이상입니다. 기업별 노조의 틀을 깨기 위한 노력도 계속되고 있고요. 하지만 조합원들이 산별노조적 사고와 행동을 하는가에 대해서는 여전히 과제로 남아 있습니다.

프레임 전쟁에서 졌다

이재명　'임금피크제는 청년고용이다', 이게 제일 짜증나는 프레임인 것 같아요.

김영훈　임금피크제 법 조항에는 '정년 연장을 할 경우 임금체계 개편 등 필요한 조치를 해야 한다'고 되어 있어요. 법에 '임금 삭감'을 명시할 수는 없으니까 '임금체계 개편'이라고 써놓은 거예요. 사실 하고 싶은 건 임금을 깎는 거죠. 이걸 청년실업 해결이라는 프레임으로 연결시킨 것입니다. 지금 고용절벽을 가져온 주범이 마치 기존 노동자들의 고임금인 것처럼 포장하는 거죠. 재벌들의 사내유보금은 주체를 못할 정도이고, 중소기업은 인건비 부담보다 대기업 갑질이 더 괴로운데도 말입니다.

이재명 노동자가 60살 넘어서도 일하고 싶다고 하면 회사는 거부할 수 없는 거죠?

김영훈 네, 2016년부터 3백 인 이상, 2017년부터 전 사업장에서 정년 60세 이상이 법적 의무예요. 공적연금을 지급할 국가재정이 부족하니까 연금 지급 시기를 65세로 늦추고자 하는데, 그러면 조기 퇴직한 노동자들은 그 기간 동안 아무 소득이 없는 문제에 직면하죠. 그래서 연금 지급 시기를 늦추고 정년을 연장하자는 게 임금피크제의 원래 도입 취지예요. 시혜적으로 정년을 연장한 게 아니라는 거지요. 사실 임금피크제는 지급이 미뤄진 연금에 대한 보상인데, 우리나라에서는 그냥 철밥통 노인네들 월급 깎는 정도로 알려져 있죠. 그리고 엉뚱하게 여기에 청년 고용이라는 프레임을 걸었어요. 세대 간 갈등을 조장하는 거죠.

노동자도 시민이다

김영훈 좋은 일자리를 만들려면 노조가 필요하다는 걸 국민은 알고 있어요. 노조 욕하면서도 내 자식은 노조 있는 회사에 들어가기를 원해요. 그러니까 누구에게나 헌법이 보장한 노조할 권리를 주자는 운동이 필요합니다.

노조 가입을 누가 막는지도 설명해야죠. 파견업이 무한확대되고 고용은 불안정하고, 누가 사장인지도 모르는 문제가 있는 거예요. 또 노동자가 노조 건설 등의 이유로 해고되면 구제해줘야 하는 위원회가 자본가 편만 들어요. 이런 위원회를 바로잡는 등 현실을 큰 틀에서 비판해야 합니다.

이번 노사정 합의와 관련해서 참여연대는 물론이고 경실련이 성명을 냈어요. 철도파업 때도 시민들 도움이 컸어요. 당시 철도노조의 캠페인 구호가 '안녕들 하십니까? 우리는 예비노동자입니다'였어요. 시민단체, 특히 소비자단체, 여성단체, 또 장거리 출퇴근하는 사람들의 모임, 이런 데서 철도노조에 대한 지지가 상당히 많았어요. 아주 의미 있는 일이죠. 한국 노동운동의 근본적인 한계는 시민 합류가 없다는 것이거든요.

알바노조, 청년유니온도 있고, 노년유니온도 있어요. 사실 청년실업 문제가 크지만 오도 가도 못 하고 말도 못 하는 낀세대라는 노년세대도 있잖아요. 저는 새로운 형태의 노조는 필연적이라고 봅니다. 오히려 늦었죠. 서로 경쟁상대로 볼 것이 아니라 적극 지원하는 일을 해야죠.

이재명   노동자에게 분배되는 이윤이 국가총생산 중 어느 정도인지를 말하는 노동소득분배율이 있잖아요. 예를 들면 노동소득분배율 OECD 평균은 67~70퍼센트 정도인데 우리는 60퍼센트도 안 된다, 노동자와 시민의 몫이 적다, 이렇게 말할 수 있잖아요. 정치인도 노동소득분배율을 5년 안에 OECD 평균까지 올리겠다, 이렇게 약속하고요.

김영훈　네, 노동과 민생은 같이 가는 거죠. 2천만 노동자의 소득분배율을 높인다는 말은 전 국민의 이익을 의미합니다. 가계소득을 늘려야 소비경제도 살아나죠.

민주노총 80만, SNS를 클릭하라

이재명　제가 무슨 말을 하면 왜 언론이 기사를 쓰는지 아세요? 클릭 수가 엄청 올라가거든요. 제가 SNS에 글을 쓰면 조회 수가 몇만이에요. 제 팬클럽 회원이나 팔로워들이 '좋아요'를 엄청 누르거든요. 제가 끊임없이 그러라고 요구하죠. 이제 네티즌들도 제 기사를 눌러봐요.

김영훈　예전 철도파업 때도 인증샷 올리기, SNS 공유하기 같은 걸 했어요.

이재명　인증샷은 너무 힘들고, '좋아요' 누르기가 좋아요. 쉬운 수단을 놓치면서 너무 무겁고 큰 것을 요구해요. 그러니까 아무도 안 하죠. 조합원들에게 너무 큰 것을 요구하면 안 돼요. '파업해라!' 이건 진짜 힘든 거잖아요.

　새로운 것, 아주 작은 것이 중요하죠. 한 5백 명만 적극적으로 SNS 활동을 해도 엄청난 거예요. 그 사람들이 '좋아요'를 누르면 바로 포털 메인으로 가요. 국정원이 1백여 명을 동원해서 대선을 바꿔버렸잖아요. 우리가 작은 힘을 모아 무언가를 할 수 있다는 자신감을 줘야 한다고 봐요. 작은 실천으로 큰 변화를 만들 수 있다, 한 사람 역할이 이렇게 크다, 하는 걸 계속 이야기하죠. 해보면 진짜 되거든요. 그래서 재미있어 하고요. 총파업 결의하고 실천하는 데 드는 노력의 1/10만 들여서 집에서 하루에 한 번 손가락 까딱하라는 겁니다. 그 결과를 체크도 하고요. 그러면 조합원들이 자신감을 확 가질 거예요.

'근엄'을 넘어 즐겁고 밝게!

사회자 예전에 노동자들이 모인 대중강연에서 조합원들이 함께 맞춰 입은 조끼를 보고 '노동자는 알록달록 색깔 있는 옷 입으면 안 되냐'고 말한 적이 있어요. 어떻게 이렇게 가장 후진 디자인을 골랐냐, 대체 그 까만색은 누가 정한 거냐, 하고 말이죠.

이재명 목표는 뚜렷하고 명확한 게 좋지만, 분위기가 너무 경직되어 있다는 거죠. 재미가 없어요. 서구 노동운동은 그래도 유연한 대목이 있지 않나요.

사회자 훨씬 대중적이어야 해요. 노동자가 세상을 디자인하고 모든 걸 다 만드는데, 정작 자기 정치 의사를 표현하는 데는 탁월함이 안 보인다는 거죠. 고도의 문화적 예술적 역량을 보여줘야죠.

이재명 그래야 대중이 관심을 가지고 재미있게 참여하죠.

사회자 노동조합 조직률을 높이는 데 '노동문화'를 바꾸는 건 상당히 효과가 있을 거라고 봅니다.

이재명　실제 미국에서는 그렇게 하잖아요. 텐트 치고 아이들과 놀다가 박수 한번 치고, 이렇게 되어야 하거든요. 재미는 중요합니다.

김영훈　반성하게 되네요.

사회자　파리에 갔을 때 춤추는 노동자들 이야기라고 할 수 있는 뮤지컬 〈빌리 엘리어트〉를 본 적이 있어요. 영국 탄광 노동자 이야기죠. '파업투쟁'이라고 목소리 높이기보다는 왜 파업할 수밖에 없는가, 우리(일반시민, 관객)는 왜 저들을 지지해야 하는가를 설득력 있게 보여줘요.

김영훈　얼마 전 성공회대 정윤수 선생이 노동조합에 와서 '축구와 노동운동'이라는 강의를 했어요. 도르트문트, 맨체스터 유나이티드, 이런 축구 명가가 있는 곳이 다 철도, 탄광 도시래요. 축구가 본래 귀족 스포츠지만, 노동절 때는 축구를 값싸게 즐기도록 한대요. 성남 FC도 시민구단이잖아요. 노동절에 직장인이나 봉급생활자들을 무료로 입장시키며 '노동자 여러분, 고생하셨습니다.' 이렇게 할 수 있잖아요. 학생들은 예비노동자, 해고된 사람은 과거 노동자, 이러면 결국 모든 시민이 노동으로 어우러지는 거죠.

이재명　그거 좋네요. 노동절 즈음에 하면 되겠네요. 성남에서 할 수 있는 일이 많아요. 예전과 달리 여력이 생겼어요.(웃음) 공무원들 승진 심사할 때 공무원노조 위원장을 참여시키기도 하고요.

김영훈　그렇죠. 공직사회 내부 인사비리나 부정부패를 개혁할 때 공무원노조 때문에 성남시 공무원들 비리가 없어졌다고 하면……

이재명　언젠가 제가 그만둬도 노조 때문에라도 나쁜 짓 못하게 만들려고 그렇게 하는 거죠.

당장 실천할 수 있는 몇 가지

이재명　우리가 노동 관련 정책 목표를 만들 때, 노조 조직률을 몇 퍼센트까지 올리겠다는 것 말고 뭐가 또 있을까요?

김영훈　학교 정규교과에 노동 관련 수업을 하면 좋겠어요. 학교에서 노동법을 가르치면 부당한 착취 같은 건 당하지 않아요.

사회자　서구사회에 좋은 모델들이 있어요. 학교에서 노조를 조직하고 노사정 협상하는 법을 가르쳐요. 왜냐하면 학생 대부분이 졸업해서 노동자가 될 테니까요. 그들과 우리의 노동 역사는 같죠. 그들은 노동자 역사, 곧 노동자의 주체화 역사가 긴 거죠.

이재명　현장 노동자들이 원하는 건 뭔가요? 대중들은 자기가 원하는 것, 실현가능한 것을 제시해야 선호하거든요.

김영훈　우리나라에 미조직 노동자를 위한 세 위원회가 있습니다. 질병판정심의위원회, 최저임금심의위원회, 중앙노동위원회입니다. 이 세 위원회 바로잡기 운동이 필요해요. 예를 들어 노동자에게 제일 억울한 것이 뭡니까. 노조 없는 사업장에서 일하다가 다치면 그것만도 억울한데 해고까지 당해요. 그런데 산재로 인정받기가 하늘의 별 따기예요. 절대 다수인 90퍼센트의 미조직 노동자를 위해서 질병판 정심의위원회를 바로세우는 게 중요합니다. 이 세 개 위원회가 바로 서면 적어도 억울한 사람은 없어진다는 거예요.

이재명 최저임금 문제는 어떤가요? 저들은 최저임금 올리면 한계 기업들이 다 망해서 일자리가 사라진다고 주장하는데, 그에 대해 분 석한 결과는 있나요?

김영훈 편의점 같은 프랜차이즈 가맹점들은 아르바이트를 주로 쓰 니까 최저임금이 오르면 지금보다 더 어렵고, 일부는 망할 거예요. 그런데 이런 한계기업들의 위기는 인건비 때문이 아니라 사실은 프 랜차이즈 본사의 착취와 높은 임대료 때문이거든요. 그래서 최저임 금 인상과 근본적인 해법을 같이 논의해야 해요.

이재명 비정규직 문제는 어떤가요? 제가 취임하고 보니 성남시도 퇴직금을 안 주려고 1년 11개월 고용계약을 하고 있더라고요. 다 금 지시켰죠. 그런데 정부는 지금 1년 11개월 쓰던 걸 3년 11개월로 늘 리려는 거 아닙니까? 이걸 잘못 받아들여서 2년 더 일하니까 좋다고 할 수도 있지 않나요?

김영훈 말씀하신 대로 2년 더 일할 수 있다고 좋아하는 분들도 있 어요. 그런데 이 사람들은 애초에 정규직 꿈은 버린 거예요. 그냥 숨 만 쉬게 해달라는 거죠. 일단 상시적이고 지속적인 업무에 대해서는 2년이냐 4년이냐 문제가 아니라, 아예 파견업을 못 하게 해야 합니다. 이번 노사정 야합에서는 정규직 전환기간을 2년에서 4년으로 연장하는 것과 파견업을 뿌리산업까지 확장하는 것까지, 두 개가 같이 도입되었어요.

이재명 뿌리산업은 뭘 말하는 건가요?

김영훈 제조업의 근간을 이루는 용접, 표면처리, 열처리, 금형, 주조 등을 말해요. 숙련도가 없으면 못 하는 일이거든요. 그래서 파견을 못 하게 막아왔죠. 그런데 이번에 풀어버린 거예요. 정규직이 하던 걸 비정규직끼리 나눠먹으라고요. 그러고선 고용확대라고 선전할 거예요.

이재명 결국 비정규직 기간보다 비정규직 사용 사유를 제한하는 것이 중요하다는 거네요. 파견업종도 제한하고요.

사회자 오늘은 여기까지 하겠습니다. 수고하셨습니다.

처음으로 비싼 밥을 먹었다. 쇠고기가 들어 있는 국수다. 토론은 밥을 먹으면서도 쉬지 않았다. 이야기는 국숫발처럼 길었다. 이해영 교수는 주로 이때 대화에 참여했다. 노동이 소멸한 사회에 대한 위기가 주제를 더욱 심화시켰다. 이재명은 김영훈을 적이 부러워했다. 그는 오래도록 소년 노동자였지 노동운동, 노조가 있는 곳, 조직화된 노동 세력에게 도움을 받거나 함께 일해본 적이 없다. 시민운동을 할 적에 그가 보여주던 맹렬함은 필시 이와 무관치 않을 게다. 이해영은 늦어도 먼저 일어나겠다는 말을 좀처럼 하지 않았다. 공부하는 곳에 늦게 도착한 때문만은 아니었다. 밥집에서 머잖은 용인에 사는 터였다.

이재명은
필기한다

°

노동문제는 밥뿐 아니라 인권문제이기도 하다. 우리가 일을 하는 이유는 나
와 가족을 건사하는 이유도 있지만 일을 통해 나를 찾고자 함이기도 하다. 내
가 소멸된 노동은 슬픈 일이다. 나 또한 돈만 바랐다면 인권 변호사의 길을
걷지 않았을 게다.

열두 살 이후 나는 공장 노동자였다. 퇴직금도 없었고 노조는 당연히 없었다.
하루하루 살아남기 위한 싸움일 뿐이었다. 몸에 평생 지워지지 않을 많은 상
흔이 남았지만 나는 가까스로 살아남았다. 고백하건대 아무도 지켜주지 않는
수많은 밤을 혼자 울었다. 어느 날 내 왼팔이 기계에 빨려들어가 두 조각이 났
다. 엄청난 고통에 비명을 질렀다. 동료 어른들이 해줄 수 있는 건 나를 업고
동네 병원으로 내달리는 일뿐이었다. 산업재해 판정은커녕 보상금도 없었다.

사회가 발전할수록 노조가 필요하다. 아니, 사회가 발전하려면 꼭 필요하다.
민주사회의 시민은 자기 권리를 당당하게 주장할 수 있어야 한다. 자기 삶과
가치를 스스로 지킬 수 있을 때 비로소 정치도 언론도 응답한다. 부당한 일을
당해도 목소리가 작아서 아무런 관심조차 못 받는 일이 얼마나 많은가. 노동
조합은 이때 벗이 되어줄 수 있다. 노동과 정치가 일상에서 논의되는 삶, 그
것이 진짜 선진국으로 가는 밑거름이다.

8백만 비정규직은 누구인가

발제자 | 김유선(한국노동사회연구소 선임연구위원)
날짜 | 2015년 10월 31일 토요일

    노동시장이란 말은 과연 타당한가. 노동상품이란 말은 윤리적인가. 인간과 노동은 따로 분리할 수 있는 객체가 아니다. 노동시장이란 말은 현실에서 노동자시장이지 않은가. 노동자들이 자기 노동을 판다고는 하지만 실상은 노동자의 운명 전부를 거는 일이지 않은가. 비정규직이 판을 치는 노동시장이란 날품팔이 세상이라는 뜻이다. 하루 벌어서 하루를 사는 사람들, 한 주일 벌어서 한 주를 버티는 사람들, 한 달 벌어서 한 달 먹고사는 사람들. 비정규직 노동자의 아들인 어린이의 꿈이 정규직인 세상. 날품 세상에서 민주주의란 먼 일이다. 김유선이 8백만 날품들을 말하는 까닭이다.

| 바보야, 문제는 좋은 일자리야 |

우리나라 노동자는 고용이 매우 불안합니다. 근속연수 평균이 5.5년으로 OECD 국가 중에 가장 짧고 근속연수가 1년이 안 된 단기근속자는 33퍼센트나 되며, 10년 이상 장기근속자는 18퍼센트밖에 되지 않습니다. 비정규직 규모를 볼까요? 노동부가 전수조사를 하는 고용형태 공시제 자료에 따르면 대기업 전체 직원의 40퍼센트인 180만 명이 비정규직입니다. 참여정부 때 비정규직보호법을 만들었는데, 정확히는 기관제 보호법입니다. 2005년 8월 18퍼센트까지 증가했던 기간제 비율이 기간제보호법을 시행한 뒤 14퍼센트 선으로 줄었습니다. 하지만 시간제 일자리는 계속 증가하고 있습니다. 요즘 문제가 되는 간접고용 비정규직 문제도 있고요. 한국은 파견근로 등 간접고용 비중이 세계 최고입니다. 파견근로, 용역근로, 사내하청 등을 합하면 180만 명, 비율로 치면 약 9퍼센트입니다.

소득불평등 문제도 볼까요? 2000년부터 15년간 평균 경제성장률은 4.4퍼센트인데, 실질임금성장률은 1.4퍼센트입니다. 성장에 못 미치는 임금인상을 하다 보니 전체 국민소득에서 노동자들 몫은 큰 폭으로 줄었습니다. 2009년 10대 재벌 사내유보금은 288조였는데, 2013년에는 522조로 4년 만에 234조가 늘었습니다. 이 4년은 글로벌 위기 직후라서 노동자들의 실질임금은 오르지 않던 시기입니다. 그래서 노조가 필요합니다. 노조 조직률이 높을수록 상하조직 간에 조정이 원활할수록 임금불평등이 낮습니다. 한국은 노조 조직률이 10퍼센트로 OECD 34개국 중 31위입니다. 단체협약 적용률은 11퍼센트로 꼴등입니다. 노조 조합원만 단체협약을 적용받고, 나머지 노동자들은 허허벌판에 벌거벗고 서 있는 셈입니다.

박근혜 정부는 고용률 70퍼센트를 약속했습니다. 제가 볼 때 고용률을 70퍼센트로 끌어올리려면 고용의 질을 개선하는 방법밖에 없습니다. OECD 고용률 평균을 보면 우리도 그리 낮은 것은 아닙니다. 하지만 시간제 싼 일자리 말고 제대로 된 일자리를 만들어야 합니다. 고용안정성을 보장하여 청년들과 육아 등으로 경력이 단절된 여성들에게 사회 구성원으로 살아갈 기반을 마련해주어야 합니다. 고학력 기혼여성이 다시 노동시장에 들어오려고 하면 저임금 비정규직만 주어져 노동시장에 진입하지 못하는 상황입니다.

저성과자 해고문제나 55세 이상 파견근로 허용, 고소득 관리, 전문직 파견 허용문제도 사용자의 입장이 아니라 노동자의 입장에서 다시 논의해야 할 사회문제입니다. 55세 이상 파견근로 허용은 연령차별입니다. 이는 임금피크제 문제로도 이어집니다.

정부에서는 나이가 들면 생산성이 떨어진다는 선입견으로, 청년고용 대책의 일환으로 임금피크제를 도입하려고 합니다. 하지만 임금을 깎으면 노동시간이라도 단축해야 하는데 그건 생각조차 하지 않습니다. 청년취업문제도 정부가 의지만 있다면 매년 3퍼센트 이상 채용하게 되어 있는 청년고용촉진특별법부터 지키면 됩니다. 점차 퍼센트도 늘리고, 청년고용할당제를 민간 대기업으로 늘리는 것을 검토해야죠. 윗돌 빼서 아랫돌 괴는 정책이 아니라 정부의 강한 의지가 필요합니다.

착한 공공조달제도, 일자리 60만 개 창출의 비법

이재명 　성남시 관급공사를 발주하거나 물품을 구매할 때 나쁜 기업 들에 감점을 주려고 준비하는데, 각 기업들의 노동법 준수 여부를 우 리가 확인할 수 있나요?

김유선 　그거 좋네요. 고용노동부 홈페이지 고용형태 공시제 자료에 비정규직을 많이 쓰는 기업 리스트가 있어요. 그보다는 근로감독이 나 근로기준법 위반사항을 보는 게 좋은데, 그 자료를 고용노동부가 내놓을지는 모르겠습니다. 어쨌든 착한기업인증제는 아주 괜찮은 시 도로 보입니다.

최태욱 　노동시간문제는 어떻습니까? 새로 고용하는 대신 이미 고 용한 사람에게 일을 더 시키자는 거잖아요.

김유선 　노동시간 단축은 박근혜 정부 대선공약인데 전혀 지켜지지 않고 있죠. 현행법상 주 52시간을 초과하는 노동은 원칙적으로 불법 입니다. 그런데 통계청 경제활동인구조사에서 주 52시간 이상 일하 는 사람이 357만여 명, 전체 노동자의 19퍼센트에 달해요.

이재명 　잠깐만요. 기본적인 사실 몇 개만 확인할게요. 주 5일 근무 에 여덟 시간이면 주 40시간이잖아요. 연장근로 허용은 법률상 열두 시간이죠? 이 시간을 넘기면 어떻게 됩니까? 노사가 합의해도 못 넘 기게 되어 있죠?

김유선 　네, 40시간이 기본이고, 합의하면 12시간, 그 이상은 안 되죠. 웃기는 건 고용노동부의 해석이에요. 주말과 휴일에 일하는 건이 한도에 포함되지 않는대요. 그러니까 고용노동부 해석대로라면 52시간에 주말 열여섯 시간, 총 68시간까지 할 수 있다는 거예요. 엉터리 해석이라고 여기저기서 문제를 제기하니까 지난 대선 때 박근혜 후보가 휴일 포함 주 52시간 노동으로 공약한 건데, 고용노동부는 여전히 현행 68시간을 60시간으로 단축하겠다고 강변하고 있어요.

사회자 실제로 그 이상 일하고 있죠. 셋이 할 일을 두 명이 하니까 일자리가 안 생기죠. 노동시간 연장은 일자리 없애는 주범이에요.

김유선 단순하게 계산하면 1인당 주 52시간만 노동하면 일자리가 62만 개 새로 생겨요. 유럽연합은 주 48시간 이상 노동하지 못하게 하고 있거든요. 그 기준으로 하면 105만 개의 일자리가 나오고요.

이재명 주 52시간을 넘겼을 때 제재수단은 뭔가요?

김유선 근로기준법에서는 2년 이하의 징역 또는 1천만 원 이하의 벌금입니다. 그런데 연차 사용 같은 경우는 노사 간에 담합이 좀 있어요. 연차휴가 안 쓰고 돈으로 보상받는 거죠.

이재명 연장업무 시키면 임금을 50퍼센트 더 줘야 하는데 왜 그렇게 하죠?

김유선 근로기준법에서 잔업을 시키면 1.5배를 주라고 한 건 사용자에게 부담을 줘서 잔업을 함부로 못 시키게 하려는 거예요. 그런데 그간 통상임금에서 고정적 상여금을 빼고 1.5배를 계산해왔어요. 그러다 보니 잔업을 시키면 1.5배를 주는 게 아니라, 노동부 자료로 계산을 해봐도 0.8배만 주면 돼요.

이재명   잔업을 시키는데 오히려 임금이 더 싸져요?

김유선   네, 법 취지가 완전히 무너진 거죠. 그래서 대법원도 고정적인 상여금을 통상임금에 넣고 계산하라는 거예요.

이재명   새로 무언가를 만드는 것도 필요하지만, 지금 있는 법만 잘 지켜도 좋아질 게 참 많겠네요. 발제 감사합니다.

    시월의 마지막 저녁이었지만 누구도 함께 밥을 먹자는 말을 하지 않았다. 궁색하게 내몰린 채로 살아가고 있는 8백만 명을 생각하니 밥 먹는 일마저 호강이라 생각한 모양이다. 혀를 끌끌 차고 분노를 내뱉고 사람들은 신발을 끌면서 골목을 빠져나갔다. 누군가 욕설을 퍼부었고, 누군가 한탄을 했고, 누군가 옷소매를 적셨다. 컵밥은 왜 나왔겠는가. 컵밥이 아니라 거기 진짜로 담긴 건 가난이다. 혼밥이 왜 사회현상으로 등장했겠는가. 군중 속 고독 따위로 고상하게 말할 것 없다. 궁색하게 살다보면 관계가 자꾸 안으로 단절되는 까닭이다. '혼자시대'는 비정규직 시대의 산물인 것이 핵심이다. 그렇게 토론자들은 혼자 밥을 먹으러 떠나갔다.

이 재 명 은
한 탄 한 다

공부가 끝나고 돌아오는 길에 밤하늘을 쳐다보았다. 거기 누군가 정말 계신 거냐고. 나는 처절함이 무엇인지 안다. 가난이, 부당함이, 폭력이 얼마나 인간을 파괴하는지 또한 온몸으로 기억하고 있다.

전태일은 평화시장 한복판에서 온몸에 불을 붙이고 죽어갔다. 근로기준법이 없어서 어린 여공들이 피를 토하면서 죽어간 것이 아니다. 법이야 있었다. 전태일은 외쳤다.

"근로기준법을 준수하라!"

근로기준법을 정리하다 보면 참 짜임새 있는 법이라는 생각이 든다. 노동3권을 보장하고 최저생활도 보장하는 참 좋은 법이다. 있는 법이라도 잘 지키자고 하면 들려오는 메아리가 있다. 해괴하게도 '종북' 딱지까지 붙인다. 먹고사는 문제에 이념을 들이밀고, 약자의 생존에 가당치 않은 프레임을 씌우는 일은 폭력일 따름이다. 노동 없이 어찌 삶이 있겠는가. 인간으로 대접받자는 것에 죄를 물어서는 안 된다.

돈 떼이고 해고당하고, 회사가 부도나도 체당금조차 받지 못하고, 나이가 많다고 일은 그대로인데 월급은 깎이고, 대학 등록금 대출은 갚아야 하는데 취업은 되지 않고. 이 밤, 나는 말한다. 그들은 모두 또 다른 이재명이다. 진심이다. 나는 그들에게 벗으로 손을 내민다.

젠더 이슈는 일상의 정치

발제자 | 조은(사회학자, 동국대학교 명예교수)
날짜 | 2016년 4월 16일 토요일

조은은 처음에 강의를 거절했다. 수강자의 수준을 가늠할 수 없는 상황에서 맞춤 강의를 할 수 없다고 했다. 여성학, 페미니즘, 성평등과 관련한 우리 사회 지식인 남성이나 지도층의 감수성을 의심한다고 잘라 말했다. 그러나 정치 지도자의 젠더 감수성과 정책 의지는 매우 중요하다는 데에 합의점을 찾았다. 조은이 맞춤 강의를 하는 것이 아니라 지난 1~2년 동안에 젠더 이슈와 관련해 다른 곳에서 했던 강의와 대담 원고를 이재명이 읽고 와서 질문하는 방식을 취한 이유다. 과제물을 제대로 읽고 왔는지 체크하면서 강의는 시작되었다. 읽을거리는 《시장화사회와 여성학 : 왜 지금 여성주의feminisms인가?》(2013) 《여성, 젠더, 제도 : 근대의 패러독스》(2014) 《새로운 세상과 만나는 여성운동》(2015) 등이었다.

유동적인, 너무나 유동적인 젠더, 여성

이재명 　조 선생님께서 보내신 자료를 꼼꼼히 읽어보았는데요, 주장하고자 하는 내용은 알겠어요. 근데 끊임없이 문제제기만 하고 계신 듯합니다. 제 느낌이 왜 그런 거죠?

조은 　아주 정직한 반응이세요. 내용은 이해하겠는데 구체적 정책에서 어떻게 하라는 것인지 모르겠다는 말씀인 것 같아요. 구체적 정책 사례와 연관시켜보겠습니다. 우선 성별이 고정적이지 않고 유동적이라는 것을 이해하는 데서 페미니즘이나 여성문제 인식은 출발합니다. 성별 차이가 생물학적인 것이 아니라 사회문화적으로 형성된 것이라는 이해는 여성학에서 가장 초보적인 출발선입니다. 성별을 차별화하는 기제와 방식에 주목해야 하지요. 구체적 정책 사례에서 여러 입장이 경합하게 됩니다. 이 점을 인식하는 것이 중요합니다.

아시겠지만, 성별분업의 역사적 맥락에서 이야기를 시작하지요. 근대 자본주의가 출현하면서 가정과 일터가 분리되었습니다. 바깥일은 남자가, 집안일은 여자가 하게 된 거죠. 그런데 집안일은 임금이 없습니다. 가족을 위한 무료서비스지요. 돈도 안 주고 일을 시키려면 집안일이 매우 신성한 일인 것처럼 꾸며야 하겠지요. 그래서 '모성은 신성하다' 또는 '가정은 소우주고 여성이 주인이다'라며 여성을 가정에 묶어두게 되었습니다. 이른바 '내조'라는 이름의 가사노동이 없었다면 남성들이 정치, 경제 등 공적영역에서 활약하지 못했겠지요.

이 분업의 틀을 깨려는 순간 "애는 누가 키우고? 살림은 누가 하고?" 라는 질문을 하면서 그런 일에 신성함의 프레임을 입히지요. 자본주의는 더 많은 이윤 추구와 지속가능한 노동착취가 불가피했어요. 그 근간에 성별분업이 있습니다. 그런데 가정과 일터를 분리시켜 남성 노동력으로만 굴리는 자본주의에 한계가 온 것입니다. 노동력이 모자란 거예요. 여성을 노동시장으로 불러들이면서 성별분업 구조는 흔들릴 수밖에 없게 되었습니다. 이때 여성성, 젠더, 섹슈얼리티는 필요에 따라 다르게 호명당합니다. 당연히 계급에 따라, 민족에 따라, 인종에 따라 다르게 '여성'이 소환되고 소비되었지요. 젠더 정치가 일상의 정치이면서 계급, 민족, 인종 등 주요 구조와 역학관계 속에 맥락화될 수밖에 없는 이유입니다.

가사노동의 상품화와 사회화를 묻다

이재명 흔히 엄마들에게 아이들 학교에 나와 봉사하라고 하잖아요. 횡단보도도 지키도록 하고요. 대부분 맞벌이를 하는데도 말이죠.

사회자 '모성' 착취의 전형에 가까운 모델이 아닐까요. 페미니즘은 고사하고 성별 역할의 대등한 정도에 대해서도 고민이 깊지 못한 게 사실 아닌가요.

이재명 정치현장에서 여성주의에 대해 대중이 쉽게 이해하고 접근

할 수 있는 슬로건을 만드는 것이 필요합니다. 가령 '사교육 부담 없는 기회의 평등' 같은 식으로 다뤄볼 수도 있고요. 출산과 교육에 관한 내용이긴 한데요. 노무현 대통령 때 '안심하고 낳으세요. 키워드리겠습니다'라는 슬로건도 있었지요.

조은 문제의식과 정책을 압축적으로 표현하는 일은 필요하고 또 의미 있는 일이죠. 다만 남성 정치가들이 좋은 의도에서 나온 의제도 성편향적인 경우가 적지 않습니다. 한국사회 정치 지도자들에게 젠더 감수성이 절대적으로 모자란 게 사실입니다. 잊었겠지만 지난 대선 때 한 야당 후보의 홍보문구가 성차별적이어서 문제된 적이 있어요. 성 고정관념에 대한 문제의식이 없었던 거지요.

이재명 시 공무원들 교육을 하면서 이런 이야기를 한 적이 있습니다. "원래 여성이 하기로 된 일은 없다. 커피 타는 일도 시키지 마라." 이 말이 꽤 퍼져서 여성들이 주로 사용하는 인터넷 사이트에 종종 올라오곤 합니다. 솔직히 이 정도가 제가 생각하는 수준이라고나 할까요.

조은 시장님께서 그런 실천을 하면 파급력이 크지요. 성별과 관련한 고정성을 벗어나는 한 지점을 확보한 거예요. 칭찬할 만합니다. 보다 중요한 건 정책입안자로서 육아문제는 '돈으로 아이 키우게 하지 않겠다'는, 즉 시장에만 맡기지 않겠다는 의지가 분명히 있어야 한다고 봅니다. 맞벌이가 늘면서 가정에서 담당하던 보육이나 교육을 사회화할 것인지, 상품화할 것인지가 정책적으로 가장 큰 숙제이고, 이제 이 문제를 어떻게 풀어야 할지 결정해야 합니다.

사회자　'원래부터 여성일은 없습니다' '돈 없어서 아이 못 키우는 일은 없습니다' '내 아이는 모두의 아이입니다' 이런 것들이 현실에서 드러나게 하는 게 정치죠.

저출산과 육아를 어떻게 풀 것인가

사회자　성남시가 박근혜 정부와 갈등을 빚고 있는 문제 가운데 하나가 공공산후조리원입니다. 적어도 아이를 안심하고 낳을 수 있는 지자체를 만들어보겠다는 게 어찌 보면 극히 소박한 소망이거든요.

조은　아이를 낳고 키우는 일을 더 이상 사적 영역의 문제로 보아서는 안 됩니다. 아이 키우는 일을 사회화할 것인가, 상품화하여 시장논리에 맡길 것인가를 따졌을 때, 지금 정부는 상품화 즉 시장논리에 맡기자는 쪽입니다.

이재명　보건복지부가 그렇습니다.

조은　애초에 보육정책도 그렇게 해서 문제가 된 거예요. 초기 보육정책 입안 시 민간 보육단체만큼 열성적으로 참여한 데가 없었어요. 밥줄이라고 생각한 거지요. 들어보면 그쪽 이야기도 그럴싸합니다. 시설끼리 경쟁하면 교육 서비스가 좋아진다는 논리나, 전면무상보육을 해서 재벌 손자까지 키워줄 필요가 있느냐는 제목이 보수언론에 등장하고 시민들에게 먹히기도 했지요.

사회자　EBS가 입시교육 지원프로그램을 강화한다고 하면 학원연합회가 반대 모양새를 취하는 것과 다를 바가 없죠.

조은　그렇죠. 공공보육을 중요 정책 방향으로 제시할 필요가 있고, 설득력도 있다고 봅니다. 어떻게 기득권의 저항을 줄일 것인가, 이것이 바로 정치력이죠. 시민들을 설득할 담론을 지속적으로 만드는 일은 중요한 정치력입니다.

사회자　국민 그러니까 납세자의 생로병사에서 보육기능부터 강화하자는 거잖아요. 현재 성남시에서는 어떻게 하고 있나요?

이재명　정부는 못 하게 막지만 우리는 그냥 하는 거죠. 그냥!(웃음) 재판받고 싸우면서요.

조은　공동육아 같은 육아 협동조합은 하나의 대안일 수 있습니다. 북유럽이 하는 것처럼 몇 집이 같이 품앗이를 하는 경우도 육아시설로 인정해서 지원해주는 개념이죠. 성남시 정도면 자급할 만한 여러 조건이 되고 이를 실천할 인구층도 있다고 보입니다.

한때 보육정책에 관여한 적이 있는데, 작은 규모를 강조하였습니다. 물론 관철되지 못했지만. 옛날 서당 교육이 좋았던 점은 선생과 학생이 대면하고 소통하는 소수교육이라는 데 있어요. 양질의 보육을 하려면 대규모 보육시설은 안 된다고 봅니다. 보육시설 운영에서는 몇 명 이상이 아니라 몇 명 이하가 중요합니다. 이런 세세한 지적은 사소한 듯하지만 지자체장이나 정치 지도자의 정책소신을 반영하는 것입니다. 일상의 정치가 갖는 폭발력에 주목해주세요.

이재명   성남은 공공어린이집을 많이 지었습니다. 제가 취임하고 지은 것만 해도 열 개가 넘습니다. 그런데 민간에서 운영하는 어린이집들이 하도 밥줄 끊어진다고 하소연을 해서 속도를 조절하는 중입니다. 이제 부모와 교사들이 참여하는 협동조합을 만들어서 위탁을 맡기려고 준비하고 있어요. 개인에게 맡기면 돈벌이 수단으로만 여기니까요. 두 곳 정도인데요. 1년 6개월 안에 사회적 협동조합으로 인준을 받는 조건으로 준비하고 있습니다. 그 조건으로 맡기려고요.

조은   그러면 지속적으로 육아운동을 해왔던 사람들이 허가받을 수도 있겠죠. 어떤 영역에서 소신을 가지고 운동을 해온 집단에게 정책을 실험하고 운용할 기회를 주는 것은 바람직한 방안이라고 생각합니다.

이재명   여전히 보건복지부나 여당은 인정을 하지 않고 있어요. 보육비 지원받는 것도 얼마 안 되었을 겁니다.

조은   페미니즘은 기본적으로 젠더 관계에 대한 담론이지만, 젠더 관계가 모든 사회관계의 기반이기 때문에 보육, 복지, 인권부터 외교까지 페미니즘이 영향을 미치는 곳은 정말 많습니다. 한 사회가 유지되려면 노동력을 재생산해야 하는데, 복지를 그저 비용으로만 취급하고 단기적인 가성비만 따지며 이윤 극대화에 치중하니 해결이 어렵죠. 복지문제를 다룰 때 진보적인가 아닌가 편 가르지 말고 한국사회의 지속가능성 맥락에서 보았으면 합니다.

일본군 위안부 문제와 페미니즘

이재명　다른 이야기인데요. 박유하 교수의 《제국의 위안부》에 문제 되는 표현들이 많아서 비판을 했더니 저더러 국가주의자라는 공격이 한창 있었습니다. 왜 일본만 탓하느냐는 거예요. 전쟁에 여성을 강제 동원해서 체계적이고 장기적으로 조선 여성의 신체에 집단 성폭력을 가한 것 아닌가요. 살아남기 위해서든 스톡홀름증후군 때문이든 피해 여성이 가해 병사에게 연민이나 사랑을 느낄 수도 있어요. 그걸 모든 여성이 좋아서 동의했다고 일반화하거나 군표를 받았으니 화대 받으려고 하는 식이라고 말하면 정말 곤란하죠.

사회자　전장이라는 어찌 할 수 없는 폭압적 상황에서 생명을 유지 하기 위해 행했던 모종의 감정이나 행동을 제국주의의 폭력적 본질 을 감추는 데 동원하는 것이지요.

조은　이런 논리를 펴는 저자나 일부 지지자들의 의도가 무엇인지 저도 궁금합니다. 대다수 페미니스트들은 그 책의 입장에 비판적입 니다. 일본군을 위해 조선 위안부를 끌어오는 데 조선인도 모집책 역 할을 했으니 일본만 탓하지 말고 우리 안의 여성 인권에 대한 몰지각 성에 자성을 촉구할 수 있습니다. 하지만 일본 군국주의와 제국주의 를 위한 성노예화라는 범죄성을 탈색시키는 담론이 저지르는 위해성 은 충분히 비판받아야 합니다.

《제국의 위안부》 저자를 기소하면 언론과 표현의 자유를 침해하는 셈이라고 일부 지식인들이 기소 반대 서명을 했어요. 법적 판단을 지켜 봐야겠지만 저는 개인적으로 위안부 할머니들이 그 저자를 상대로 당연히 고소할 권리가 있다고 생각합니다. 위안부 할머니들이 인권침해와 명예훼손이라고 느끼고 또 그렇게 볼 수 있는 내용이 분명히 있는데 지식인이라는 이름으로 제3자들이 언론의 자유를 침해한다고 기소 반대를 외치는 것은 오만이고 일종의 지적 마스터베이션이라고 생각합니다. 이와 관련한 심도 있는 논의는 자료로 보완해보지요.

사회자 저녁 늦게 시작한 토론을 저녁 늦게 마치겠습니다.

토론은 늦게 시작되었다. 오늘이 그날인 까닭이다. 성남에서 4·16 세월호 2주기 행사를 마치고 이재명은 늦게야 도착했다. 아무도 탓하지 않았다. 살아 있는 게 미안한, 오늘은 그날이다.

밤을 새워 토론할 거리가 있었지만 멈출 수밖에 없는 이유도 같았다. 강의자도 수강자도 함께 광화문 4·16 2주기 행사장에 가야 했기 때문이다. 가는 길에 투명 비옷을 꺼내 입었다.

이 재 명 은
생 각 한 다

○────────────────────────────────────

"원래 여성이 해야 한다고 정해진 일은 없다. 커피 타는 일도 시키지 마라."
회사에서 남녀가 하는 업무가 같은데 왜 커피는 여성이 타야 하는지 이해할
수 없었다. 어머니도, 여동생들도, 아내도 여성이다. 나를 둘러싼 세상의 반은
여성이다. 그럼에도 정작 나는 여성주의 문제에 대해서 거의 무심했다. 그보
다는 어쩌면 낯설고 어려웠다고 해두는 게 더 솔직한 표현일 게다. 어머니는
여성 권리를 제대로 말할 수 없던 시대를 살았고, 여동생은 사는 것이 힘들어
페미니즘 같은 걸 배우고 익힐 틈이 없었다.

여성에 대한 편견과 불평등을 넘어서지 못하는 한 인권 평등은 어렵다. 진짜
인간으로 살아가기 위해서 나는 앞으로도 여성들을 통해 거듭 배울 것이다.
성남시에서 추진하려던 '무상공공산후조리원'이 현 정권의 반대로 '산후조
리 지원'으로 우회하고 있다. 갈수록 심해지고 있는 양극화로 아이 낳기를 주
저하거나 포기하고 있는 실정이다. 육아 책임을 전적으로 개인에게만 지우는
현실은, 뜻만 있다면 어렵지 않게 고칠 수 있다.

한국 여성들이 짊어지고 있는 이중·삼중의 짐을 어서 덜어내야 한다. 그것
이 정치의 몫이라는 걸 뼈저리게 잘 안다. 여성들은 권력이 있는 정치인들
을 나무라야 한다. 이재명을 혼내줘야 한다. 한국 정치인들이 여성문제를 이
해하고 또 참여하는 수준이 곧 한국의 인간 척도라는 걸 나는 믿어 의심치
않는다.

달콤하고 쓰디쓴 예술

발제자 | 배다리(공공미술 작가)
일시 | 2016년 5월 28일 토요일

책상 위에 과일이 진설되었다. 오렌지, 레몬, 바나나 따위가 싱싱하다. 다 적도 근처에서 나오는 열대 과일들이다. 배다리는 발제는 하지 않고 그걸 칼로 쪼개거나 손으로 터뜨렸다. 향기가 온 방 안에 가득했다. 다들 어쩌자는 거냐는 기색이 역력했다. 이게 미술이냐, 문화냐고 묻고 싶었지만 감히 입술을 떼지 못한 건 자칫 자신이 비미술, 비문화인으로 보일지도 모른다는 염려 때문이었다. 냄새는 미술인가, 문화인가, 음식인가, 그냥 여러 감각 중 하나인가. 향기는 그렇다 치고 악취는 그렇다면 무엇인가. 아름다운 것, 선한 것, 예술적인 것은 따로 있는 것인가. 이 낯선 발제 행동이 품고 있는 뜻이었다. 책상 바닥에 과일 진액이 낭자했다. 토론은 향기를 사이에 두고 진행되었다. 과일향은 달고, 평소 미술행위에 관심이 없었던 이라면 이 낯선

이해를 요구받았을 때 필시 그 향이 쓰디 썼으리라.

| 토론을 위해 탁자 위에 올려진 열대과일들.　| 과일을 쪼개자 향기가 방안에 퍼졌다.

발제 요약

| 예술이 무엇을 할 수 있을까 |

우리가 일상에서 느끼는 모든 것들이 예술가에게는 질료입니다. 예술
이 무엇을 할 수 있을까요. 오늘 제 자료와 경험을 가지고 세 가지를 이
야기해보고자 합니다. 매개로서 예술, 지역협력 예술, 과정 중심 실험예
술. 오늘날 새로운 미술 활동은 이 세 범주에서 활발하게 움직이고 있습
니다.

예술이 죽은 마을을 살리다

배다리 우선 유럽 공공미술 현장, 독일 엠셔 쿤스트Emscher Kunst 이야기를 해보죠. '엠셔Emscher'는 강 이름이고, '쿤스트Kunst'는 '예술'이라는 뜻입니다. 엠셔 쿤스트는 3년에 한 번, 대개 두세 달에 걸쳐 열려요. 2013년도에는 저도 참여할 기회가 있었습니다.

사회자 찾아보니 엠셔 강은 라인 강의 지류입니다. 거대한 공업지역인 루르 지역을 가로질러 흐르죠.

이재명 루르는 석탄이 많이 나오는 지역 아닌가요?

사회자 이 석탄과 공업지대에서 오늘날 유럽연합의 기원이 되는 근거가 탄생했죠. 독일이 전쟁을 두 번 일으켜 상황이 어려울 때 믿는 구석은 루르 지역이었어요. 초국가적 기구를 만들어서 루르 지역의 풍부한 자원을 공동개발하면 좋겠다고 생각한 거지요. 전후 경제부흥을 이끌었던 지역이지만 그 과정에서 사람이 살 수 없을 정도로 강이 썩어버렸어요.

배다리 45킬로미터에 이르는 강 전체에 하수구 냄새가 풍겨요. 어마어마한 규모의 석탄 공장들이 지금은 거의 문을 닫았고, 젊은 사람들은 다 도시로 나가서 마을은 텅텅 비었어요. 한마디로 유령도시가 되었죠. 독일 지방정부에서 환경문제를 해결하는 동시에 지역을 활성화하기 위해 채택한 예술기획이 엠셔 쿤스트입니다. 시작한 지 몇 해 되지 않았지만, 상당히 효과를 거두고 있어요.

지방정부에서 환경문제로 물줄기를 바꾸려고 보니 이 마을 사람들이 모이는 유일한 장소인 50년 된 청소년센터를 없애야 했어요. 주민들은 당연히 반대했죠. 새로 지어준다고 해도 싫다고 했어요. 그곳에 자기들의 추억이 담겨 있으니까요. 추억은 그냥 편의점에서 돈 몇 푼 주고 살 수 있는 게 아니잖아요. 지역주민들은 차라리 리모델링해 달라고 요구했어요. 그래서 예술가들이 결합하게 된 거죠. 원래 계획을 철회하고요. 우리는 주민들이 무엇을 원하는지 의견을 들으러 갔고 그들과 함께 무언가 해보고자 한 거죠.

사회자 다 밀어버리고 내쫓지 않았다는 거죠.

배다리 이 프로젝트의 책임자인 건축가 아폴로니아 슈시테르쉬치 Apolonija Šušteršič 는 대화를 통해 주민들과 모든 과정을 공유하려 했습니다. 우선 오래된 청소년센터를 없애는 데 동의를 얻었어요. 그리고 새로운 마을센터를 짓는 일에 대해 주민들과 수시로 토론하고 구상했어요. 그 과정에서 주민들이 놀이터와 쉼터가 필요하다고 했고요. 엠셔 쿤스트 전시기간 동안 우리는 날마다 무슨 일을 할지 그 내용을 적어놓았어요. 정확하게 말하자면 공사현황판 같은 거죠. 작업현장도 완전히 공개되어 있는 거고요. 다른 작가들은 또 다른 형태로 일을 진행하고 있었죠. 그러면 관객이 자전거를 타고 와서 그걸 구경하고 가거나 놀거나 하는 거죠.

이재명 엠셔 쿤스트가 작품 전시회인 줄 알았는데, 예술가와 주민들이 다 같이 놀고 일하는 거군요. 예술, 실용, 생활, 자치 같은 게 함께 어우러지는 과정은 공동체를 새로 탄생시킬 수 있을 겁니다. 그게 진짜 민주주의라는 거죠. 예술이 자폐증을 벗어나 이런 형태로 삶과 생활과 결합한다는 건 듣기만 해도 풍요롭습니다.

배다리   그렇죠. 건축이 진행되는 동안 주변에 커다란 시멘트 하수도관을 이용해서 간이 놀이터도 만들었어요. 워크숍도 진행하고, 음식이나 조형물을 같이 만들기도 하고요. 공공예술 프로젝트에 대한 하나의 예를 들어보았습니다.

예술가, 노숙인, 기업, 주민 들의 협업작업 〈문화공간 길〉

배다리   두 해 전 서울역 노숙인들과 함께한 프로젝트가 있습니다. 유럽의 경험이 도움을 주었지요. '성 프란시스 대학'이라고, 고시원 거주자, 쪽방 거주자, 노숙인 등 주거취약 계층을 대상으로 인문학을 가르치는 곳이 있어요. 성공회대와 서울시 다시서기종합지원센터에서 공동 운영하고 있죠. 책임자인 여재훈 신부님이 가지고 있던 계획을 듣고, 시간이 좀 걸리더라도 노숙인과 함께 노숙인을 위한 문화공간을 만들어보자고 제안을 한 거죠. 1년짜리 작업을 그렇게 시작했습니다.

이재명   공간을 얻는 것 자체가 쉽지만은 않았을 텐데요.

배다리   잘 아시네요. 노숙인이 들어온다는데 누가 좋아하겠어요. 그런데 한 할머니가 당구장으로 쓰고 있던 두 개 층을 5년 동안 사용하도록 계약을 해준 거예요. 월세도 안 올리고요.

이재명 그런 분들이 숨어 있습니다. 그 마음씨가 세상을 밝게 하는 지혜라고 나는 믿고 있고, 사람에게는 누구나 그런 심성이 자리 잡고 있다고 여깁니다. 문제는 현실이 그걸 드러내게 하기보다는 모진 부분을 더 자주 노출시키도록 하는 거죠. 좋은 정치가 좋은 사람을 만들 수 있다는 믿음은 그래서 더욱 커집니다.

배다리 노숙인들은 지역 표가 아니어서 정치인들이 무심하다는 것도 그때 알게 되었습니다. 우선 노숙인들이 원하는 걸 들어봐야겠다는 생각에 여섯 번 정도 사전 워크숍을 진행했어요. 건축가, 예술가, 인문학자, 문화기획자 들이 협업을 했어요. 그런데 이분들이 가장 중시한 게 무엇인지 아세요? 흡연실이었어요.(웃음)

사회자 눈치 보지 않고 담배 한대 피우고 싶었던 거겠죠.

배다리 맞아요. 커피 테이블, 무대, 탁구대, 샤워실이 필요하다는 의견도 있었고요. 푹신한 소파에 앉아보고 싶다는 분도 있었어요. 어디를 가든 다 딱딱한 의자만 있는데, 빨리 가라고 내쫓는 것 같더래요.

이재명 그렇죠. 일부러 딱딱하게 만들고 있죠. 벤치 가운데에 걸쇠까지 달아놓고 말이죠. 눕지 말라고.

배다리 노숙인들 의견을 듣기까지 몇 달이나 걸렸어요. 이분들은 자기와 의견이 다르면 무시한다고 생각하시는 경향도 있고, 함께 무엇을 해나가는 일을 무척 어색해하고 쑥스러워하셨어요.

우선 '집 안에서 집짓기, 집 밖에서 집짓기'라는 주제로 함께 모여서 첫 강연과 토론을 진행했어요. '집 밖에서 사는 게 나쁘다고 할 수는 없지만 그저 자연스러워하는 것도 이상한 일이다. 산에 사는 동물에게도 주거권리가 있는데 인간에게 없겠는가'라는 내용으로 유럽의 빈집 점거운동인 '스쿼팅 squatting'을 소개했어요. 그건 불법이 아니라 권리라고. 스쿼터들은 나도 보호받을 권리가 있는데 왜 보호를 안 해주는 거냐고 항의하는데, 우리 노숙인들은 '내가 못나서'라고 한단 말이죠.

이재명 사실 빈집을 살리는 건 지역을 살리고 경제를 일으키는 일이기도 하겠네요.

사회자 한국 사람들은 문제가 생기면 내 탓으로 귀속시켜서 자신을 공격하는 양태를 보이는 측면이 세계에서 가장 강한 편이죠. 노숙인들에게도 그게 가장 강한 편이라고 봅니다. 간접세 국가라는 건 이분들이 담배만 피워도 세금을 내는 거니까 권리주장이 거의 무한하다고 해도 탓할 수가 없는 것 아닌가요.

이재명 생각보다 과격하시네.(웃음)

배다리 문화공간 복도는 노숙인 참여자들이 전적으로 작업했어요. 건축 노동을 하던 분들이 많아서인지 성과가 좋았어요. 벽에는 벽돌을 일일이 붙였는데, 기술자를 초빙해서 기술을 배워서 한 거예요. 타일에는 실제로 작업하신 노숙인들 이름을 새겨서 붙이고요.

노숙인센터에 동네 아이들이 놀러오다

배다리　공간이 완성된 뒤 작은 규모로 교육 프로그램을 운영하고, 이분들이 자체적으로 연극도 하세요. 지역 아이들이 여기 프로그램에 참여하기 시작했어요. 이게 기적이죠. 노숙인과 마을사람들이 '분리'에서 '함께'로 이행되는 거죠.

이재명　아이들이 와서 강연도 듣고 시 낭송도 듣고 그렇게 된 거로군요. 아이들이 온 순간 감동적이었겠네요. 저도 한번 가보고 싶습니다.

배다리　커피값이 싸니까 담배 한 갑 살 돈으로 여기 와서 책도 읽으면서 하루에 한 번쯤은 여유 있는 생활을 즐기자고 했죠. 무슨 말이냐면, 노숙인센터를 짓는 건 애초부터 목표가 아니었어요. 노숙인에게 노숙인센터를 지어주면 그 건물이 아무리 훌륭하다고 해도 결국 그들을 격리시키고, 세상과 분리시키고 말아요. 노숙인들이 격리되지 않고 지역 주민들과 함께 사는 것이 중요한 거죠. 그래서 이분들에게 몇 가지 요구를 했어요. "여기가 여러분 집이고, 여러분 공간입니다. 다만, 여기를 손님이 오는 집으로 만들고 싶으면 여러분들도 씻고 면도하고 옷도 깨끗하게 입으세요."

이재명　배다리 작가의 이야기를 듣고 있자니 예술가가 현장에서 무엇을, 어떻게 해야 하는지 구체적으로 이해하게 됩니다. 이건 정치가 배워야 할 영역이군요. 솔직히 성장하는 동안 내가 예술이라고 생각한 건 피아노 치는 소녀 같은 거였죠. 생활이나 삶을 바꾸는 것과 예술을 일치시키는 프로젝트는 유혹적입니다.

배다리   좋습니다. 하나 물을게요. 노숙인들이 이 공간에서 언제 가장 좋다고 할까요? 들어오는 손님들에게 '어서 오십시오'라고 인사할 때라고 합니다. 내가 만든 공간으로 손님을 초대하는 느낌인 거죠.

이재명   문화는 사람을 주인으로 만들어내는 힘이 있군요.

배다리   전체 진행자 중 반 정도가 노숙인 출신이죠. 바리스타가 된 분도 있어요. 매일 샤워하고 면도하는 분들이 늘었죠. 이 공간을 짓는 과정의 목표가 그분들의 자존감 회복이었거든요. 자기 집을 짓는다는 생각이 그 사람을 변화시킬 것이라는 주장이었어요. 프로젝트 때문이라고 말하고 싶지는 않지만 노숙인 중 일부는 지금 정기적으로 일하고 방도 얻어서 살아요. 자기 삶을 회복한 거죠. 성 프란시스 대학을 오래도록 운영해온 분들의 역할이 무엇보다 중요하고 크죠.

문화는 고병원성 해피바이러스

이재명   괜한 걱정이긴 한데요, 이러다가 노숙인들이 그 공간에서 동네 사람들에게 밀려나는 일이 생기거나 하지는 않을까요?

배다리   그분들이 여기서 일하고 있을 뿐 아니라 집주인인걸요. 집이 없어서 밖에서 자는 분들이 문화를 매개로 겨우 마련한 공간을 감히 누가 빼앗겠어요.

이재명   노숙인들이 프로그램 운영 주체로도 참여하나요?

배다리   그런 분도 있죠.

사회자   모든 노숙인이 이런 방식으로 삶을 바꾼다는 건 아니죠. 다만 자기참여를 통해 만든 커뮤니티 공간, 문화공간에 대한 하나의 예증인 거죠. 성 프란시스 대학에서는 문집을 낸 적도 있어요. 문화는 힘든 처지에 있는 사람들이 살면서 잃어버린 자존감을 회복하게 할 수 있는 가장 좋은 영역이라는 점은 분명히 말할 수 있습니다. 실은 비용도 가장 적게 들죠. 문화산업은 문화라는 말이 붙은 산업이죠, 소비는 시장질서에 길들여지는 일을 말하지, 문화라고 할 수 없습니다. 여기서 말하는 문화란 자기 창조를 뜻합니다.

성남시를 재창조한다면

배다리   이렇게 예술은 지역 협력과정을 작동시키는 매개체 역할을 하기도 합니다. 이제 예술은 그냥 보고 구경만 하는 게 아니라 실제로 삶을 변화시키는 일에 개입하죠.

사회자   '참여participation'라고 하죠. 이런 참여활동이 다른 나라에서는 광범위하게 일어나고 있죠. 우리 사회가 더딘 편인 건 맞아요.

이재명   결국 이것도 정치가 중요한 거군요. 이런 경로와 조건을 형성시켜내야 할 테니까요.

배다리   그래서 제가 발제를 하고 있는 겁니다. 언젠가 성남 구시가지 중앙시장 쪽을 갈 일이 몇 번 있었어요. 매력적이더군요. 지난 시간과 현재의 삶이 그대로 살아 있는 도시 공간.

사회자   그런 구도심에 컬러 프로젝트 같은 걸 시도해보면 얼마나 좋을까요. 어떤 음료 광고에 파란 지붕을 얹은 하얀 집들이 나오잖아요. 그리스 산토리니가 배경입니다. 유럽, 특히 지중해 도시들은 색으로 승부한다고 해도 맞는 말이에요. 집은 하얗게, 지붕과 창문은 파랗게 칠하고 사는데, 사람들은 단지 하얗고 파랗다는 이유로 보러 가는 거죠. 석굴암 같은 것 하나도 없는데 말이죠. 모로코에도 유명한 곳이 있습니다. 유대인 문화와 연관이 있어서 내력은 다르지만 쉐프샤우엔 같은 곳이죠.

배다리   부산 감천마을도 이와 흡사한 시도를 한 곳이죠. 요새 부산 여행 필수코스라고들 하더군요. 하지만 많은 논란이 있습니다. 잘은 모르지만 공유 프로그램이 빈곤했기 때문이 아닐까 싶어요. 디자인만으로는 안 된다는 거죠.

이재명   동의합니다. 가치와 이익이 지역 주민과 예술가에게 돌아가야 한다는 뜻이겠죠.

배다리   맞아요. 기획 초기부터 주민공동체가 자기들 삶의 공간을 어떻게 운영할지, 피해가 생기지 않게 하려면 어떻게 해야 할지 주도적으로 방침을 세울 필요가 있어요. 그렇지 않으면 '살고 싶은 동네'가 아니라 '떠나고 싶은 동네'가 되기 십상이죠. 제가 강조하고 싶은

| 제11회 광주비엔날레 '도시계획 두암동' 중 주민 참여 도시계획 활동을 위한
테이블 작품(아폴로니아 슈시테르쉬치 · 배다리, 2016. 9)

건 주민공동체가 주도적으로 운영하는 구조여야 한다는 점이에요. 제가 이런 주제로 유럽 작가와 공동으로 제11회 광주비엔날레(2016) 작업을 진행하고 있어요. 광주항쟁 전후 도시구획 정리사업으로 조성된 광주시 북구 두암2동 커뮤니티센터에서 주민들과 지속적으로 만나 여러 이슈들을 듣고, 그분들로부터 동네에 대해 배우는 '도시계획 두암동'이라는 프로젝트를 진행 중입니다. 주민들이 직접 그 이슈들에 대해 더 적극적으로 참여할 수 있는 '두암동 테이블'도 만들고자 합니다. 주민들 스스로 어떤 동네를 만들어갈지 생각해보고 결정하는 거죠.

이재명   그게 제가 하고 싶은 일입니다. 문제는 예술과 결합하는 생각을 미처 해보지 못했다는 겁니다. 오늘 공부 즐거웠습니다.

사회자　　그런데 테이블에 놓여 있던 바나나는 누가 다 먹었나요?(웃음)

　가장 사치스런 회식이 벌어졌다. 발제와 토론이 끝나자 열대과일 잔치가 시작되었다. 탕헤르부터 오렌지 역사가 나오고 런던 전시장에서 있었던 썩은 과일 전시회(배다리 연출)가 화제에 오르고 썩은 소(데미안 허스트 작) 이야기가 만찬에 펼쳐졌다. 성남 중앙시장 리모델링에 대해서는 긴 시간 동안 논의가 오갔다. 전시장을 박차고 나온 현장 예술론이 핵심이었다.

이것으로 공부모임 해와 달 1차 공부가 마무리되었다.
공부와 공부 사이에 향기 가득하였다.

이재명은
정리한다

나는 성장기에 예술을 접할 기회가 거의 없었다. 공장에 다니던 시절 마음에 품었던 여공에게 주려고 베토벤의 〈운명〉을 녹음한 테이프를 가지고 다녔지만 정작 〈운명〉을 새겨 들은 적은 없었다. 다만 그게 고급문화라고 믿었을 따름이다.

음대를 나와서 아이들에게 피아노와 노래를 가르치는 '교양계급' 여인과 결혼하였지만, 내게 문화란 여전히 사회와 생활을 바꾸는 일로 다가오지는 않았다. 그래서 예술에 대해서도 가슴보다 머리가 먼저 작동하는 편이었다.

이번 공부를 하면서 예술이 생활과 사회 속으로 들어와 삶을 변화시킬 수 있다는 걸 새삼 깨닫게 되었다. 행정이 미학을 품을 수도 있구나! 버려진 공장을 이용한 엠셔 쿤스트 설명을 들으면서 나는 내가 다니던 공장들이 겹쳐 떠올랐다. 그곳을 처음으로 예술과 연관시켜서 말이다.

근래 우리나라에도 예술 개념을 잘 도입하여 문화와 수익을 병행해서 성공한 사례들이 생겨나고 있다. 심미안을 품은 정책으로 도시의 미학을 재생하거나 탄생시킬 수 있어야 한다. 이제 와 그림이나 악기를 배우기보다 나는 그 길을 가야겠다. 문화와 예술은 개인과 집단의 창조이고 자존이고 밥이다.

III

이 세상에서
꼭 한 가지만
해야 한다면

인간학으로서 정치
김대중과 노무현의 세 가지 유산

o　　김대중을, 정치인이기 전에 인간 김대중을 보고 나는 비로소 꿈을 꾸어도 좋겠다고 생각했다. 그는 전라도 끝 해안 너머 섬사람이었고 목포로 나와 중학교를 마친 뒤 세상 중심을 향한 항해를 멈추지 않았다. 오래도록 나는 그를 비하했다. 경상도 사람으로서. 그는 내가 퍼부은 비난과 모욕까지도 기꺼이 감내하고 전진해갔다. 그럴수록 나와 내 주변 사람들은 그에게 더 심한 욕설을 퍼부었다.

인간 김대중은 자기 처지와 근거 없이 들어야만 했던 온갖 수모까지도 끝내는 자기 근육으로 바꿔낸 근현대사의 영웅이었다. 영남 사람들이 그에게 지역우월주의를 들이댄 건 그를 인정하고 싶지 않아서였다는 걸 나는 안다. 아무 이유도 없었다. 한 불세출의 인물이 전라도 사람이라는 것을 받아들이고 싶지 않았기 때문이다. 박정희가 뿌린 독의 씨앗은 저마다의 몸 어딘가에 숨어서 자라고 있다가 얼굴을 내밀곤 했다. 그 가식과 위선과 허울의 폭력을 벗어 던졌을 때 김대중은 내 인생에 빛을 던진 첫 사람이었다.

고백하건대 내 운명은 어쩌면 그를 너무 많이 닮았다. 달리 가진 게 없었고, 제도권 교육을 통해 크게 배우지 못했고, 숱한 냉대와 차별을 겪어야 했다. 광주항쟁을 통해 지역주의 껍질을 완전히 벗어던졌을 때 그는 밖에서 내게로 왔다기보다 내 안에서 발견되었다. 나는 실은 인간 김대중을 몹시 흠모하고 있었다. 그의 삶에서 강렬한 동일시를 느낀 게 어찌 나뿐이겠는가.

나는 그의 포효하는 분노가 세상에 대한 사랑이라는 걸 잘 알고 있었다. 1987년 겨울, 대통령 선거 대구 유세현장에서 사람들이 돌과 막대기를 던졌을 때 그는 외쳤다.

"나는 그런 것을 무서워하는 사람이 아니오!"

나는 그걸 보면서 내 무릎에 힘이 들어가는 걸 느꼈다. 나는 그와 함께 일어서고 싶었던 것이다. 나는 그의 절룩거리는 한쪽 다리가 되어주고 싶어서 굽은 팔을 다른 손으로 꽉 쥔 채 눈물을 흘렸다.

내가 암송하다시피 하는 그의 연설은 삼선개헌 반대집회 연사로 나선 효창운동장 웅변이다.(1969년 7월 19일) 그의 숨소리를 함께 듣고 싶어 연설의 앞과 뒤를 여기에 옮긴다.

6월 28일자 조간신문을 보니까, 경기도 안성에서 황소 한 마리가 미쳐가지고 주인 내외간을 마구 찔러서 중상을 입혔습니다. 마을 사람들이 이 황소를 때려잡으려고, 몽둥이를 들고 나섰지만 잡지 못해서, 마침내 지서支署 순경이 와 칼빈 총을 다섯 방이나 쏘아서 기어이 때려잡았어.

나는 이 신문을 보고 '과연 천도가 무심치 않구나' 이래 생각했어. 왜? 대한민국에서 황소를 상징으로 한 공화당이 지금 미쳐가지고, 국민주권을 때려잡을 삼선개헌의 음모를 하니까, 미물 짐승인 황소까지 같이 미쳐서 주인한테 달려든 것이다, 이거요.

내 오늘 여기 와가지고 '반공을 하고 국방을 하려면 무엇을 해야 하느냐?' 하는 것을 하나 배웠습니다. 그것은 야당이 강연대회를 해야 돼! 왜? 서울시는 오는 22일부터 40만에 달하는 예비군을 소집하기로 했다가, 신민당이 강연한다니까 어제저녁부터 부랴부랴 서둘렀다 그 말이야! 여러분, 서울시가 아무리 그렇게 예비군을 소집하고, 경찰관이 나와서 삐라를 뿌리고 해도, 하느님은 우리 편이여. 보쇼, 지금까지 오던 비가 오늘 오후 2시 정각부터 딱 그쳤어!

삼선개헌을 반대하는 데모가 지난 방학 전에 전국으로 퍼졌어. 데모를 제일 치열하게 한 데가 어디냐? 서울이 아닙니다. 경상도 정권의 본고장인 경상도에서 제일 데모를 치열하게 했어! 그것도 박정희 씨가 나온 경상북도라 그 말이여! 대구에서는 대학교뿐 아니라 모든 고등학교가 총동원되었어! 그런데 한 가지 재미있는 것은 박정희 씨가 대통령을 그만두고 나면 그 대학교 총장을 할 것이라는 영남대학교 학생들의 데모 구호가 재밌다, 그 말이여! 뭣이라고 했느냐? '미친 황소 갈 길은 도살장뿐이다.' 이랬다 그 말이여!

내 오늘 여기서, 450만 서울시민과 더불어, 내 박정희 대통령과 한마디 얘기 좀 해야겠어! 박정희 씨여! 당신은 지금, 입으로는 점잖은 소리 뭐라고 뭐라고 하지만, 당신 내심으로는, 헌법 고쳐가지고 1971년 이후에도 영원히 해먹겠단 시커먼 배짱을 가지고 있는 것 사실 아니오? (……)

마지막으로, 이 사람은 온갖 정성과 온갖 결심으로서 박정희 씨에게 마지막으로 충고하고 호소합니다. 박정희 씨여! 당신에게 이 나라 민주주의에 대한 일천의 양심이 있으면, 당신에게 국민과 역사를 두려워할 지각이 있으면, 당신에게 4·19와 6·25 때 죽은 우리 영령들 주검 값에 대한 생각이 있으면, 어떠한 일이 있더라도 삼선개헌만은 하지 마라!

만일, 당신이 기어이 삼선개헌을 했다가는, 이 조국과 국민들에 대해서 말할 수 없는 죄악을 가져올 뿐 아니라, 박정희 씨 당신 자신도 내가 몇 월 몇 일날 그렇게 된다고 날짜와 시간은 말 못하지만, 제2의 이승만 씨가 되고, 제2의 '아유브 칸Mohammad Ayub Khan'이 되고, 공화당이 제2의 자유당이 된다는 것만은, 해가 내일 아침에 동쪽에서 뜨는 것보다 더 명백하다는 것을, 나는 경고해마지않는 바여.

국민 여러분이여! 국체의 변혁을 꿈꾸는 삼선개헌을 분쇄합시다. 국민 여러분이여! 민주주의를 이 땅에 꽃피워가지고 우리 후손들에게 영광된 조국을 넘겨줍시다! 여러분에게, 다 같이 궐기해서 삼선개헌 반대투쟁에, 한 사람 한 사람이 결사의 용사가 될 것을 호소하면서 저의 말을 그치겠습니다.

인간 김대중과 가장 닮은 사람 한 명을 꼽으라면 노무현이다. 인간 노무현이다. 인간 노무현 또한 김대중과 닮은 경로로 삶을 살아왔다. 그도 선대로부터 물려받은 것, 학력 따위 내세울 게 없는 존재였다. 상업학교 출신이라는 점도 같다. 김대중은 목포상업중학교, 노무현은 부산상업고등학교를 졸업했다. 둘 다 포구로 나와 학창시절을 보냈다. 왜 한국 유권자들은 굳이 이 '못난 사람들'을 민주정부 대통령으로 뽑았을까. 생각해보면 그 까닭은 간명하다. 바로 자신들의 말 못 할 슬픔과 쓰라린 고통과 남몰래 흘린 눈물을 닦아줄 것이라고 믿었던 터다. 한국 민주정부야말로 대속의 정치, 인간의 정치학이라는 걸 나는 이 두 사람을 통해 깨달았다.

가난했고, 학교도 제 뜻 품은 대로 다닐 수 없었던 두 사람에게는 자신의 삶을 넘어설 꿈이 있어야 했다. 자기 삶만 돌아봐도 그들은 하고 싶은 일이 너무 많았다. 그건 모든 대중들의 꿈이기도 했다.

불을 뿜는 듯한 그들의 포효하는 분노는 정의에 목마른 자들을 대신한 외침이었다. 두 사람의 연설을 듣고 있노라면 가슴에서 불이 일었다. 나는 말하곤 했다.

"김대중, 노무현은 방화범이야."

그건 야유가 아니라 내가 그들의 말에 불타버릴 것만 같은 느낌에 사로잡혀서 내뱉는 최고의 상찬이었다. 두 사람은 한 개 불씨로 대지를 태울 수 있는 기상과 의로움이 넘쳐났다. 그들은 섬세했지만 대중과 의로움을 믿었기에 뜨거운 심장으로 세상을 살아갈 수 있었다.

2001년 12월 10일 힐튼 호텔에서 노무현은 제16대 대선후보 출마 선언을 하며 외쳤다. 그 자리에 낄 처지는 못 되었지만 나는 그 목소리에 내 영혼을 얹지 않을 수 없었다. 한 번 더 읽는다.

조선 건국 이래로 6백 년 동안 우리는 권력에 맞서서 권력을 한 번도 바꿔보지 못했다. 비록 그것이 정의라 할지라도, 비록 그것이 진리라 할지라도 권력이 싫어하는 말을 했던 사람은 또는 진리를 내세워서 권력에 저항했던 사람들은 전부 죽임을 당했다. 그 자손들까지 멸문지화를 당했다. 패가망신을 했다.

6백 년 동안 한국에서 부귀영화를 누리고자 하는 사람은 모두 권력에 줄을 서서 손바닥을 비비고 머리를 조아려야 했다. 그저 밥이나 먹고 살고 싶으면 세상에서 어떤 부정이 저질러져도, 어떤 불의가 눈앞에서 벌어지고 있어도, 강자가 부당하게 약자를 짓밟고 있어도 모른 척하고 고개 숙이고 외면했어야 했다.

눈 감고 귀를 막고 비굴한 삶을 사는 사람만이 목숨을 부지하면서 밥이라도 먹고살 수 있던 우리 6백 년의 역사! 어머니가 제게 남겨주었던 가훈은 '야 이놈아, 모난 돌이 정 맞는다' '계란으로 바위치기다' '바람 부는 대로 물결치는 대로 눈치 보면서 살아라'였다.

80년대 시위하다가 감옥 간 정의롭고 혈기 넘치는 우리 젊은 아이들에게 그 어머니들이 간곡히 간곡히 타일렀던 그들의 가훈 역시 '야 이놈아, 계란으로 바위치기다' '그만둬라' '너는 뒤로 빠져라'였다. 이 비겁한 교훈을 가르쳐야 했던 우리 6백 년 역사, 이 역사를 청산해야 한다.

권력에 맞서서 당당하게 권력을 한 번 쟁취하는 우리의 역사가 이루어져야만이 이제 비로소 우리의 젊은이들이 떳떳하게 정의를 이야기할 수 있고, 떳떳하게 불의에 맞설 수 있는 새로운 역사를 만들어낼 수 있다!

방금 들은 듯 심장이 뛰지 않는가. 우리는 이런 지도자를 둘씩이나 두었다. 저들은 한낱 친일파와 독재자만을 선배로 두고 있지 않은가. 김대중, 노무현 두 사람이 이룬 민주정부란, 지금 돌이켜보면 부족함도 있지만, 단군 이래 가장 양식 있는 세상을 창조해낸 것만은 분명하다. 그 힘은 어디에서 나왔을까. 역사 이래 힘없는 자를 대표하는 최초의 권력은 어떻게 등장할 수 있었던 것일까. 나는 이 자리에서 이를 역사학자나 정치학자들처럼 구구하게 해명하고자 하지 않는다.

두 지도자의 출현을 말할 때, 두 삶이 저마다 지니고 있던 시대모순과 자기모순을 치열하게 돌파해낸 용기를 빼서는 안 된다. 인간 김대중과 인간 노무현은 물려받은 것도 없고, 학력도 변변치 않았지만, 대지를 태울 듯한 거침없는 기백으로 살아왔다. 두 사람에게는 한낱 대통령 지위가 아니라 세상을 바꿀 수 있는 대통령이라는 직무가 필요했던 것이다. 고백하건대 나는 할 수만 있다면 이 세 가지 유산을 계승하고 싶다.

신산스러웠지만 불굴의 의지로 돌파해낸 성장기를 포함한 삶의 내력에서, 나는 비록 가난할지라도, 조금 못났을지라도 굴종하지 않는

자가 마침내 이길 수 있다는 확신을 잇고 나아가 일반화하고 싶다. 더불어 불꽃같은 열정으로 대중의 가슴을 민주와 정의의 대지로 삼아 새 시대를 열어젖힌 용기와 지혜 또한 배우고 익혀왔음을 털어놓는다. 불땀 좋은 언어는 단지 말의 힘이 아니라 의로움을 사랑하는 자의 심장에서 터져 나온다는 걸 나는 안다. 무엇보다 인간 김대중과 인간 노무현, 두 사람은 이뤄내고자 했던 꿈이 있었다. 삶의 내력 없이 어찌 이것이 가능하겠는가. 새 경지를 개척해가고 창조해낸 두 사람의 인간학은 나를 늘 뜨겁게 격동시킨다.

나는 오래도록 공학적 정치학이나 술수보다는 정치를 인간학이라고 믿어왔다. 인간 김대중은 그런 점에서 진정한 나의 스승이고, 인간 노무현은 피붙이 같은 생생한 느낌으로 이 순간에도 살아 있는 나의 선배다. 정치란 인간이 하는 일이다. 그 완성도 인간학이어야 한다.

나에게는 노선이 있다. 바로 인간의 노선이다. 인간보다 더 살아 있는 노선은 없다. 그 노선의 이름이 김대중이고 노무현이다. 인간 이재명이 그 노선에 서 있음을 나는 부인하고 싶지 않다. 내가 그 유산을 기꺼이 잇고자 하는 까닭이다.

이 세상에서 꼭 한 가지만 해야 한다면

○　　　이 세상에서 꼭 한 가지만 해야 한다면, 나는 광화문광장에 도서관을 짓고 싶다.

기둥 스물네 개짜리 도서관. 24시간이나 24절기도 뜻하지만 한글 자모 스물네 자를 상징하는 기둥을 세우고 문이 스물네 개 달린 도서 관을 짓는 거다. 동쪽과 남쪽으로 닿소리 열네 자를 따라 열네 개 문 과 기둥을, 서쪽과 북쪽은 홀소리 열 자를 따라 열 개 문과 기둥을 내 야 한다. 시간마다 문에서 다른 빛깔이 스며 나오게 해서 문짝만 보 고도 시간을 알 수 있는 한글나라를 만들고 싶다.

세종이 없었다면 내 혀와 입술과 귀는 어떤 모양을 상상하며 소리 를 내고 들을까. 그가 아니라면 나는 지금쯤 무슨 글자를 쓰고 있을 까. 세종나라에 사는 기쁨을 나는 세상 중심, 세계 중심으로 빚어내

노래하고 싶다. 이 문을 지나는 자 누구나 빛이 되는 광화문 중심에 세계의 지혜가 모여서 빛을 뿜어내고 있다고, 나는 자랑하고자 한다. 세종의 이름으로 그의 후손인 것을 자랑삼고 싶다.

한글로 된 지혜를 차곡차곡 쌓고, 외국어로 된 모든 지식이 이곳으로 걸어오게 하고, 문자 아닌 것들도 이름을 얻게 하고, 사진과 영상으로 된 기록물을 집합하고, 하물며 촉감과 후각을 위한 감각 도서관을 열고 싶다. 눈이 없는 사람도 책을 볼 수 있고, 귀가 없는 사람도 들을 수 있는 세계를 건설하는 일을 나는 꿈으로만 두고 싶지는 않다. 광화문을 생각하면 내 가슴은 뛰노라니.

죽기 전에 꼭 한 가지만 해야 한다면, 나는 광화문광장 전체를 지혜의 거처로 만들고 싶다. 책 없는 아이들도, 한글 모르는 외국인도, 지혜가 배고픈 이라면 누구나 찾아와 깃들 수 있는 가장 큰 도서관을 짓고 싶다. 날마다 연극이 무대에 오르고, 노래가 흐르고, 문학과 관련된 영화를 볼 수 있는, 하루도 꿈이 쉬지 않는 공장을 만들어야겠다. 만들고야 말겠다.

세상에서 진귀한 지혜란 지혜가 다 이리로 찾아온다고, 세상 모든 사상이 여기 숨 쉬노라고, 세상 시와 소설과 온갖 이야기가 이곳에 사노라고, 외국 사람이 묻거든 세상에서 가장 거룩한 지혜의 저수지가 광화문에 있노라고 내놓고 영광스럽고 싶다. 대한민국의 내일이 지금 여기에서 태어나고 있다고, 서슴없이 미래라고 하고 싶다.

이 세상을 하직하기 전에 꼭 한 가지만 해야 한다면,

하물며 나는 가갸거겨이고 싶다.

내가 빚지고 내 아버지가 빚지고 내 할머니가 빚진 한글이고자 한다.

나는 한낱 ㄱㄴㄷ이고 싶다.

낫 놓고 기역 자를 배우던 그 헐벗은 나날의 공부이고 싶다.

가난하다고 해서 꿈도 가난하겠는가.

신발이 닳았다고 길을 모르겠는가.

눈이 멀었다고 그리움을 몰라보겠는가.

피부빛이 다르다고 노래를 모르겠는가.

팔이 굽었다고 희망을 붙잡지 못하겠는가.

나는 이들과 함께 광화문에 서고자 한다.

이 세상에서 꼭 한 가지만 해야 한다면,

촛불시민혁명으로 국민 스스로가 광장의 주권을 세운 이 자리에 민주주권의 전당과 더불어 문화의 주권, 지혜의 주권을 일으켜 세우는 전당을 건립하고 싶다.

나는 그게 둘이 아니라 하나라는 걸 안다. 지식의 주권에 힘입어 근대 광장은 열렸다.

그리하여

나는 광화문이고 싶다.

나는 도서관이고 싶다.

나는 광장이고 싶다.

나는 세상의 꿈이고 싶다.

이 세상에서 꼭 한 가지만 해야 한다면,

나는 다시 말하련다.

나는 이 땅을 두루 광화문이게 하고 싶다.

* 이재명은 서해성과 여러 차례 대화를 나누며 도서관에 대한 생각을 벼리어냈다. 어린
  이재명을 길러냈던 안동 산골 삼계국민학교 도서관은 이윽고 광화문도서관이라는 의
  제로 자라나게 되었다. 그에 따라 논의 끝에 서해성이 써놓았던 글을 싣기로 했다. 함께
  꾸는 꿈이 더 아름다운 까닭이다.

읽는 연보

이재명 李在明
경주 이씨 국당공파

1세(1963년) 12월 22일(음력 10월 23일) 경북 영양군 청기면, 봉화군 재산면, 안동군 예안면이 만나는 청량산 자락 예안 도촌리 지통마(지통마을)에서 아버지 이경희와 어머니 구호명 사이의 5남 4녀 중 일곱째로 태어났다. 누나 둘이 일찍 세상을 떠나서 다섯째로 성장했다.

> * 출생신고가 1년 늦은 건 영아사망률이 높았던 그 시절 어른들의 고려 때문이다.
> * 나고 자란 집(소개집)은 겨울이면 방에 둔 물이 얼고 창에 허옇게 성에가 끼는 슬레이트 지붕 벽돌집이었다. 소개집이란, 화전민을 산에서 소개시키고 들어가 살게 한 날림집이다.

5세(1967년) 귓병을 심하게 앓았다. 아버지와 함께 산속 오솔길을 걸어 개머리에서 버스를 타고 영양읍으로 가서 치료를 했다. 지통마에는 버스가 들어오지 않았다.

6세(1968년) 내가 태어난 날짜를 잊은 어머니가 점바치(점쟁이)에게 물어 음력 10월 23일을 내 생일로 삼았다. 다섯째를 잘 키우면 호강하리라는 점바치의 말은 평생 고생을 하면서도 어머니의 밑도 끝도 없는 희망이 되었다.

7세(1969년) 참꽃, 찔레, 신질경이, 더덕, 짠대, 개복숭아 등의 이름을, 배가 고파 따먹으며 입과 혀와 위장으로 알게 되었다.

8세(1970년) 삼계국민학교에 입학, 매일 5킬로미터 산길로 등하교를 했다. 도화지와 크레파스 같은 학교 준비물을 제대로 준비해 가지 못해 담임선생님에게 매를 많이 맞았다. 선생님이 무서웠고 공부에 흥

태백시 황지 산업전사위령탑
앞에 선 아버지와 어머니.
아버지는 한때 태백에서
일했고 큰형님은
지금 태백에 살고 있다.

미를 느끼지 못해 성적은 '미미미미미'였다. 1학년 때 결석이 80일이
넘을 만큼 학교에 가고 싶지 않은 이유는 차고 넘쳤다.

학교에서 가져오라는 보리와 쌀을 가져가지 못하거나 크레파스,
도화지 같은 학습 준비물을 가져가지 못해 자주 회초리를 맞았다. 꽃
길을 책임지고 꾸미지 못해 학교 운동장에서 코피가 터지도록 뺨을
맞는 일도 있었다. 학교를 마치면 산에 나무를 하러 가거나 산전에서
일을 해야 했던 나로서는 달리 어쩔 도리가 없었다. 사소한 잘못으로
같은 반이던 팔촌형과 함께 선생님에게 불려나가 서로 뺨을 셀 수 없
이 때리고 맞는 벌을 받았다.

10세(1972년) 사생대회 같은 날이면 반 친구들이 모두 떠난 학교에 남

1975
안동 삼계국민학교에 다닐 때 나는
늘 배가 고팠지만 책 읽기만은 즐겨했다.

아 화장실 푸는 일을 했다. 할미꽃 뿌리를 소변기에 다져 넣으면 구더기를 줄일 수 있다는 걸 알았다.

온 식구가 일군 산전을 남에게 넘겨버린 뒤 아버지는 서울 옆 어딘가로 올라갔다.

집에 찾아온 먼 친척이 내 귓불을 만지며 크게 될 거라는 말보시를 했다. 어머니와 나는 이 또한 근거 없이 믿고 살아야 했다. 달리 귀한 말을 들어보지 못한 터였다.

11세(1973년) 담임선생님이 채점한 뒤 돌려준 시험지에서 내 이름을 지우고 성적이 좀 떨어지는 다른 친구 이름을 써서 주었다. 국민학교를 졸업한다 해도 중학교로 진학할 수 없다는 현실을 받아들이고 있었다. 큰형과 셋째형을 뺀 형제들은 한결같이 국민학교가 최종학력이거나 '국퇴'였다.

12세(1974년) 교장선생님이 학교 매점을 학생들이 운영하도록 해주어 그 수익금으로 나를 비롯한 가난한 학생들까지 모두 수학여행에 나설 수 있었다. 자치회나 협동조합에 대한 첫 경험이었다. 처음으로 얼음과자를 먹어보고, 여름에도 얼음이 얼 수 있다는 걸 비로소 인정했다. 불국사나 석굴암 같은 건 내게 강한 인상을 주지 못했다.

학교 앞 겨울 논바닥에 헬리콥터가 내려앉았다. 현실성 없는 현실,

곧 다른 세상과 처음 접촉해보았다. 그날 언 몸으로 만진 것은 차가운 헬리콥터가 아니라 어떤 꿈결 같은 것이었다.

13세(1975년) 학교 교무실 옆 도서실에서 문교부 지정 어린이권장도서를 읽었다. 토요일 오후 도서실에서 책을 빌려 나오던 하굣길, 신작로 미루나무 이파리가 봄바람에 소리를 내며 하얗게 뒤집어지던 광경은 지워지지 않고 내게 남아 있다. 내 소년시절 최고의 명장면이다.

14세(1976년) 꽃다발도 짜장면도 없는 국민학교 졸업식을 마친 며칠 뒤 자전거 고치는 부품을 넣은 탄통 하나를 달랑 들고 고향을 떠났다.

＊3년 뒤 집안일로 고향 옛집에 들렀다. 울었다.

상대원동 높은 곳에 방 한 칸짜리 셋방에서 살았다. 비가 오면 물이 고이지 않고 흘러 내려가는 시멘트 마당도, 물을 길으러 가지 않아도 되는 수돗물도, 나무를 하러 가지 않아도 되는 연탄아궁이도 다 좋았다. 공중화장실도 신기했다. 가끔 주인집 TV도 볼 수 있었다.

집 뒤에 있던, 이름도 간판도 없는 목걸이 공장에서 일을 했다. 가장 어린 나를 포함하여 네댓 명 소년 소녀들이 납과 염산을 마시면서 일을 하고 밥을 먹었다. 월급이 1천 원 정도였다.

월급 3천 원을 받기로 하고 두 번째 공장으로 옮겼다. 반지하 목걸이 공장이었고 역시 이름은 없었다. 점심은 도시락으로, 저녁은 집에 와서 먹었다. 야근을 해도 저녁밥은 주지 않았다. 가난한 공장이었다. 석 달 뒤 사장과 사장 식구들은 야반도주했고 일한 대가는 한 푼도 받지 못했다. 나는 다만 사장 이름을 오래도록 기억하려 애썼다.

9월, 다른 사람 이름으로 들어간 '동마고무'에서 전기모터에 손가락이 말려들어가 고무가 함께 섞여 떡이 되었다. 아직도 내 손가락에는 고무가루가 스며 있다. 철야로 일을 할 때 지급되는 생라면은 귀한 음식이라서 먹지 않고 집으로 가져갔다. 새벽 2시에 일이 끝나면 통금이 끝나는 4시까지 작업대 밑이나 창고 바닥에서 잤다. 그때 배운 노래가 하남석의 〈밤에 떠난 여인〉이다.

15세(1977년) 네 번째로 들어간 '아주냉동'은 함석판을 다루는 공정 때문에 손가락이 잘리는 사고가 많았다. 내 몸에도 함석에 찢긴 상처가 1백 군데 이상 흉터로 남아 있다. 선임노동자들은 군기를 잡는다고 출퇴근 때, 점심 뒤에 무시로 구타를 했다. 공장도 군사문화가 지배했다.

공장 마당에 앉아 식은 점심밥을 먹던 봄날, 문이 잠긴 공장의 담장 너머 앞산에 핀 진달래 사이로 교복 입은 학생들이 지나갔다. 처음으로 공장을 그만 다니고 공부를 하면 어떨까, 하는 마음이 일었다.

야구 글러브를 만드는 '대양실업'에서 프레스에 손목 관절이 으깨지면서 골절이 일어났다. 열여섯 살이 되자 손목이 뒤틀리기 시작했다. 관절이 으스러진 부분의 성장판이 깨진 탓이었다. 내 왼팔은 그렇게 굽었다.

인천 연안부두로 부모님을 모시고 간 효도관광길에 바닷물을 맛보았다. 비로소 바닷물이 짜다는 사실을 순순히 받아들였다. 그때까지 내가 알고 있는 물은 결코 짠맛을 느낄 수 없던 산골 물맛이 전부였다. 바닷물이 짜다는 극히 간명한 과학적 명제에 승복한 순간 내 가슴은 높게 뛰었다.

16세(1978년) 4월에 고입 검정고시학원에 등록하여 8월에 합격했다. 공장이 망한 탓에 태어나서 처음으로 집에서 얼마간 쉬었다.

17세(1979년) '오리엔트' 시계공장에 취업해서 시계공이 되었다. 공부를 하기 위해 혼자 작업하는 락카실을 자원했다.

18세(1980년) 4월에 대입 검정고시에 합격했다. 고졸 자격을 얻으면 관리자가 될 수 있으리라는 기대와 달리, 나는 여전히 락카실에서 아세톤과 석면과 벤졸을 마셨고 그만큼 후각을 잃어갔다. 55퍼센트 이상의 후각기능이 괴사했다. 그 뒤 나는 가장 좋아하던 복숭아 냄새를 맡지 못하게 되었다.

1978
대양실업 소년공 이재명. 사진이 있어 내가 나를 알아본다.

　‘광주사태’ 소식을 들었다. ‘전라도 새끼’들은 폭도이고 빨갱이라
는 욕설에 동조했다.

　검정고시를 준비하러 잠시 다닌 성남 성일학원에서 김창구 원장선
생님을 만났다. 그는 학원비가 없는 나에게 무료로 공부하게 해주었
다. 격려도 빼놓지 않았다. 훗날 사법고시에 합격해서 찾아갔을 때 김
원장님은 나를 안고 조용히 눈물을 흘렸다. 스승의 품은 따뜻했다.

　열 번이 넘는 이사 끝에 온 가족이 청소부와 노동자와 화장실지킴
이 등으로 번 돈을 모아 마당 있는 집(성남시 상대원동 1752-2번지)을
마련했다. 더는 이사를 다니지 않게 되었다.

19세(1981년) 학력고사제도가 생기면서 대학입학이 가능할 것처럼 보

1979
시계를 만드는 오리엔트 공장에 다닐 때
남이섬으로 야유회를 갔다.
그 시절 야유회는 늘 둥그렇게 앉아서
손뼉을 치고 노래를 불렀다.
(왼쪽에서 첫 번째가 이재명)

였다. 잘하면 돈을 받으면서 대학에 다닐 수도 있었다. 서울 답십리 입시종합학원과 성남의 독서실에서 주경야독했다. 성적은 전국 수험생 65만 명 중 20만 등 정도였다.

7월, 마침내 공장을 그만두었다. 5년 6개월 공장생활이 끝난 날은 햇볕이 뜨거웠다.

책상에 압정 뿌리고 공부하기, 가시 달린 아까시나무 매질 등을 해보았지만 그다지 소용이 없었다. 노동과 마찬가지로 공부도 숙련기간이 필요했다. 학력고사 성적 전국 2천 등에 이르렀다.

20세(1982년) 중앙대학교 법학과에 들어갔다. 그토록 입고 싶었던 교복을 맞춰 대학생활 내내 입고 다녔다. 등록금을 면제받았고 다달이 생

활비를 보조받았다. 광주항쟁의 진실을 알게 되었다. 권력과 언론에 속은 내가 욕스러웠고 광주를 욕해온 자신을 용서할 수가 없었다.

친구 두 명과 양구에서 인제를 잇는 광치고개를 밤에 걸어서 넘었다. 고개 들머리에서 근무하던 군인들도 말리는 험한 고갯길을 타넘으면서 인생에서 길에 대한 두려움이 사라졌다. 이는 열흘 동안 혼자 감행한 도보여행, 혼자 떠난 자전거 국토여행의 물꼬가 되었다.

21세(1983년) 조정래의《태백산맥》을 거듭해서 읽었다. 광주항쟁과《태백산맥》은 나를 바꿔놓았다.

23세(1985년) 대학 4년 내내 고무신과 교복과 교련복, 또는 낡은 바바

1985

고시공부를 하던 대학교 4학년 시절.

리코트만 입고 다녔다. 극히 내성적인 내 성격을 고치고자 했던 것이
고 또 수배 구속 투옥되는 동료들을 둔 채 공부에 몰두하고 있는 것
에 대한 미안함을 덜어내고자 한 나만의 방식이기도 했다.

24세(1986년) 사법고시(18기)에 합격했다. 아버님이 돌아가셨다.

25세(1987년) 사법연수원에서 동기 몇몇과 공부모임을 하면서 판검사
가 아니라 지역으로 내려가서 변호사 활동을 하자고 결의했다. 연수
원 시절 '변호사는 굶지 않는다'는 믿음을 준 노무현 변호사의 강연
도 한몫했다. 평생 다섯째 아들 덕에 호강하리란 기대로 살아온 어머
니에게 판사를 할 수 있을 만큼 좋은 성적이었다고 말한 건 아주 나

1986
마침내 나는 대학을 졸업했다.
내 인생에서 상상도 해보지 못한 일이었다.
(오른쪽에서 첫 번째)

중의 일이었다.

28세(1990년) 성남에 변호사 사무실을 열었다. 인근 이천시와 광주시의 노동상담소장과 '민주사회를 위한 변호사 모임' 활동을 했다.(민변 국제연대위원) 노동·인권변호사로 주로 시국사건 변론을 맡다보니 일반적인 법률상담이나 의뢰가 잘 들어오지 않았다.

33세(1995년) 성남시민모임(2005년 성남참여자치시민연대로 개명) 창립 구성원으로 참여하면서 시민운동을 시작하였다. 수도권남부저유소 수도권공동대책위원회 집행위원장으로 활동하였다. 대책위원회에는 이돈명, 유현석, 노무현 변호사, 최열 환경운동가, 곽노현, 김상곤 교수를 비롯한 여러 인사들이 참여와 격려를 보태주었다.

38세(2000년) '분당 백궁·정자지구 용도 변경' 특혜 의혹을 제기하였다. 국회의원, 정당 간부, 경찰서 간부 등 기득권층과 벌인 한판 싸움은 생각보다 버거웠다. 공공 공간을 사적 공간으로 만들려 하는 시도에 맞선 저항은 3년이나 이어졌다. 정치권력, 언론, 돈, 조직과 싸워야 하는 시민의 유일한 무기는 유인물뿐이었다. '5월 광주'의 진실을 알게 한 대학시절의 유인물과 함께 이 유인물로 거대권력과 싸워서 이길 수 있다는 걸 깨달았다. 이는 나중에 SNS를 중요하게 여기는 근거

1990

변호사 시절 어느 토론회장에서 찍은 사진이다.
청년 이재명이 지금의 이재명에게 묻고 있는 듯하다.

1990

책상에 앉은 내 등 뒤로 '민생변호民生辯護'라는 글씨가 보인다.
이 글귀는 평생의 슬로건이고, 이 정신으로 시민운동에 뛰어들고 시장이 되었다.

가 되었다.

40세(2002년) '분당 파크뷰 특혜분양 사건'을 추적하고 폭로하는 과정에서 나와 인터뷰를 하던 방송국 PD가 검사를 사칭하며 당시 시장과 통화하고 녹취하는 것을 말리지 않았다는 이유로 검찰에 구속되었다. 나는 전과자가 되었지만 공공의 이익을 대변하다가 얻은 자랑스러운 상처다.

인구 50만의 성남 본시가지는 종합병원 두 개가 동시에 폐업하는 등 의료공백이 심각했다. 이를 해결하기 위해 성남시립병원설립추진위원회를 만들고 공동대표가 되었다. 20만 명 이상의 시민들이 시립의료원 설립청원에 서명했다.

42세(2004년) 한나라당 시의원들이 절대 다수를 차지하던 성남시의회는 시민 18,595명이 만든 주민조례를 47초 만에 부결시켰다. 시민들이 항의했고 대표였던 나는 공무집행방해와 회의장 점거라는 죄목으로 수배당했다. 피신해 있던 곳으로 도시락을 싸들고 온 선배와 함께 눈물 밥을 먹으면서 시민이 직접 나서서 시립의료원을 짓고 공공의료의 모범을 전국에 보여주자고 다짐했다. 2004년 3월 28일 오후 5시, 성남주민교회 지하 기도실에서 나는 인권변호사와 시민운동가에서 정치인이 되기로 결심했다. 그날 두 번 울었다.

<u>44세(2006년)</u> 성남시장 선거에 출마했다가 낙선했다. 정치권을 향한 첫 도전의 실패였다.

<u>46세(2008년)</u> 국회의원에 출마했고 낙선했다. 2007년 대통령선거 패배 이후 치러진 선거였고, 민주당에서 분당구에 아무도 나서려고 하지 않았다. 나는 전략공천되었고, 일종의 의무방어전 같은 선거에 나가 패배했다.

　*2016년 국회의원 총선거에서 분당구 두 개 선거구에서 모두 이겼다. 8년 만의 완승이었다.

<u>48세(2010년)</u> 민선 5기 성남시장에 당선되자마자 지방정부 최초로 모라토리엄을 선언했다. 전임 시장 시절의 부실, 방만, 부패로 인한 재정 위기에 대해 시민들과 소통하고 이해와 협력을 구했다. 3년 만에 4,572억 원의 빚을 갚고 모라토리엄을 졸업했다. 대규모 부채청산을 해나가면서도 복지예산은 약 2천억 원 가까이 늘렸다. 복지는 돈 문제가 아니라 철학과 신념의 문제라는 내 오랜 믿음이 맞았다는 걸 스스로 확인했다.

건축비 3,222억 원이 들어간 성남시청사는 호화청사로 불리는 예산낭비의 대표사례다. 시장 취임과 동시에 시장실을 시민들과 가깝도록 2층으로 옮기고, 아방궁으로 불리던 기존 시장실(초등교실 네 개 면적)은 북카페와 아이사랑놀이터로 만들고, 시청 대부분 시설도 시

민들에게 개방했다. 성남시청은 공원, 야외결혼식장, 스케이트장, 여름 물놀이장, 광장이 되었다.

청소노동자가 만든 회사에 청소 위탁을 주고, 시민과 운전기사가 만든 시민주주기업에 마을버스 면허를 줬다. 나눔환경과 성남시민버스는 성남시의 협동사회경제를 대표하는 사회적 기업으로 성장했다. 한 청소노동자에게서 월급이 50만 원 올라 고맙다는 이메일을 받았고, 검찰에게서는 '청소업체 특혜' 혐의로 소환장을 받았다.

49세(2011년) 한국메니페스토실천본부 선정 공약이행종합평가 '최고 등급'을 받았다.(이후 5년 연속 선정) 비결은 간단했다. 헛된 공약을 하지 않고 지킬 수 있는 걸 다 지키면 되는 일이었다.

51세(2013년) 성남시립의료원 건립의 첫 삽을 떴다. 성남을 넘어 돈벌이보다는 공공성을 우위에 놓는 대한민국 공공의료에 대한 희망의 근거가 되기 위한 첫 발걸음이었다. 비슷한 시기에 진주의료원은 폐쇄를 결정하였다.

52세(2014년) 교육기회의 불평등을 해소하고 창의형 인재를 기르기 위한 성남형 교육지원사업을 시작했다.(2014년-172억 원, 2015년-204억 원, 2016년-2백억 원) 아이사랑놀이터, 장난감 대여사업, 어린이집 만들

2013

11월 14일 성남시의료원 착공식.

기, 동네 도서관과 민간 어린이집 지원 등의 크고 작은 일들은 아이
낳고 기르는 것에 지방정부의 역할을 다하기 위한 것들이었다. 더 이
상 개천에서 용이 나기 어려운 사회구조에 대한 문제의식에서 시작
된 사업들이다.

모 기업의 지원 중단으로 해체 위기에 놓인 성남일화축구단을 인
수하여 시민구단 성남FC를 창단했다. FA컵 우승, 시민구단 최초로
아시아챔피언스리그 16강에 진출했다. 챌린저리그(2017년)로 강등되
는 아픔도 겪었다. 성남FC 목표는 축구 성적은 물론 시민통합과 성
숙한 축구문화 발전에 있다.

성남시청과 세 개 구청, 도서관 등에 세월호기의 게양을 시작하였
다. 2015년 4월 16일에는 시청벽면에 대형 세월호 현수막, 시청광장

2014
전임 시장이 만든 넓은 시장실을
아이사랑놀이터로 바꾸었다.

에 세월호 조형물을 설치하였다.

6월 지방선거에서 민선 6기 성남시장으로 재선되었다. 96퍼센트
의 공약이행률, 부패청산, 복지 확대라는 실적과 증거로 '강남벨트'인
분당에서 상대 후보와 큰 차이로 이긴 압도적 승리였다.

8월 14일 새벽, 여동생 재옥이 세상을 떠났다. 봉제공장 미싱 노동
자로, 야쿠르트 배달 아줌마로, 청소노동자로 살면서도 남의 것을 탐
하거나 남 탓을 하지 않던 동생이었다. 태어나서 가장 슬픈 날이었다.

유기견 홍보대사 '행복이'를 입양했다. 성남시청 지킴이이자 나의
도보순찰 파트너다.

53세(2015년) '청소업체 특혜'라는 혐의로 서울지검에 출석했다. "사회

2015
안창호 선생 따님이신
안수산 여사를
미국 자택에서 만났다.
그 손길을 타고 1백 년 전
도산 선생이 말을 걸어왔다.

적 기업에 일자리를 준 이재명이 종북이면 그 기업에 지원금을 준 박근혜는 고정간첩"이라고 일갈했다. 이후 나에 대한 종북몰이가 대부분 사라졌다.

미국 방문 중 안창호 선생 장녀 안수산 여사를 찾아가 감사패를 전달했다. 두 달 뒤 별세하셔서 장례식에 성남시 조문단을 보냈다. 이 나라는 조국에 평생 헌신한 분들을 여전히 쓸쓸하게 한다.

전국 최초로 세금체납실태조사반(1백 명 규모)을 발족하였다. 철저한 세금징수와 함께 조사과정에서 발견된 어려운 이웃은 사회복지체계로 연결하고 있다.

메르스 사태가 터지자 발 빠른 조치와 감염 병원 공개로 전염병 확산을 막았다는 평가를 받았다. 부실한 대응으로 사태를 악화시킨 박

2015

성남시청 앞에서 열린 세월호 참사 1주기 추모행사.
고 김동혁 군의 어머니는 진상규명을 요구하며 머리를 깎았다.

2015
좌판 어머니들과 마주하면 늘 편하다.
나는 그 어머니들의 아들이다.

근혜 정부와 새누리당, 일부 언론에게서 '신상 까발리기'와 '메르스
를 정치적으로 이용한다'는 비난을 받았지만 메르스는 더 이상 창궐
하지 않았다.

안전 분야의 핵심공약인 시민순찰대가 출범했다. 시범지역 세 개
동에서 동네 순찰, 여성 심야귀가, 학생 안심 등하교, 택배 보관, 생활
공구 대여, 간이 집수리 등의 임무를 수행해왔다. 성남시의회 새누리
당 소속 의원들의 제동으로 2016년 9월에 해체되고 말았다.

쌍용자동차 해고노동자 복직에 조금이라도 도움이 되고자 티볼리
자동차를 성남시 관용차로 구입했다.

주빌리은행 공동은행장이 되었다. 감당키 어려운 빚 때문에 삶의 의
지와 희망을 잃고 생을 마감하거나 신용불량자로 전락하여 경제생활

2015
나는 《태백산맥》을 읽고 새 길을 갈 수 있었다.
조정래 선생님은 늘 산맥이다.

자체가 힘든 처지에 놓인 악성 채무계층을 구제하기 위한 은행이다.

박근혜 정부의 '교과서국정화 홍보 반상회 개최' 협조 요구를 거부했다. 다양성을 인정하는 민주주의, 자발적 주민자치에 역행하는 일이었다.

미국의 정치인 버니 샌더스Bernie Sanders의 자서전《버니 샌더스의 정치 혁명》한국어판 추천사를 썼다. '정치가 특별한 것인가. 엘리트들만의 것인가. 모든 사람이 희망을 가질 수 있는 세상을 만드는 일인데……' 추천사의 일부다.

전국 최초 동네서점협동조합인 성남서점협동조합이 창립했다. 대형서점과 온라인서점 등에 밀려 경영난을 겪고 있는 20여 개 안팎의 동네서점 살리기에 나서 열 개의 공공도서관이 지역서점을 통해 필

요서적을 구매했다. 이런 노력이 협동조합 창립으로 이어진 것이다.

54세(2016년) 미인가 대안학교에도 무상급식을 시작했다. 제도권 밖에 있다 해도 의무교육 대상인 학생들에게 차별이 없고자 한 조처다.

부분적 기본소득제인 청년배당을 시행했다. 청년배당금을 지역상품권으로 지급하였고, 청년 지원과 지역상권 활성화를 동시에 꾀했다. 청년배당으로 3년 만에 신선과일을 사먹을 수 있었다는 어느 청년의 말에 가슴이 저려왔다. 지역화폐인 '성남사랑상품권'으로 지급하는 것을 두고 일부 언론에서 청년들의 상품권 깡(할인)을 조장한다고 왜곡보도를 일삼았다. 하지만 청년배당은 지역상권 활성화에도 큰 기여를 하였고, 한국사회 기본소득 논의의 출발이 되었다.

2015
주빌리은행은 악성부채에 시달리는
사람들이 다시 사람답게
살 수 있게끔 하자는 뜻으로 시작되었다.
공동은행장 이재명, 유종일.

중학생 대상 무상 교복지원을 시작했다. 하얀 교복을 입은 여학생 앞을 후줄근한 작업복 차림으로 어깨를 움츠리며 지나던 소년 이재명이 떠올랐다.

무상공공산후조리원을 설치하려던 계획이 박근혜 정부의 방해에 막혀 산후조리 지원으로 우회하였다. 출산, 보육, 교육 등에 걱정과 부담이 적거나 없어야 낮은 출산율을 극복할 수 있다. 성남시의 무상공공산후조리원을 왜 막아야 했는지 지금도 연유를 알지 못한다.

미국을 방문하여 맨스필드 재단 자누지 대표와 한반도 평화에 대한 의견을 나누었다. 미국은 한반도에 큰 영향력을 갖고 있지만 대한민국은 주도적으로 남북관계를 개선하여 화해와 협력의 길로 나아간 경험을 갖고 있다는 점을 강조했다.

군복무 중 사망한 장병의 성남시 화장장 비용을 면제하는 협약을 육군과 맺었다. 한 사회의 수준은 공동체를 위해 헌신한 사람에 대한 예우를 보면 알 수 있다.

성남시 남북교류위원회가 출범하였다. 남북갈등을 해소하고 평화 정착을 위한 대화와 교류는 모든 영역에서 다양한 주체들에 의해서 지속적으로 이루어져야 한다. 조정래(소설가), 이창동(영화감독, 전 문화관광부 장관), 이종석(전 통일부장관), 이해학(목사), 최영애(한반도평화포럼 공동대표), 김영훈(철도노조위원장) 등 평화와 통일을 위해 힘껏 노력해 온 분들이 함께하고 있다.

저소득층 청소년 생리대 지원사업을 시작했다. 이후 전국 여러 지자체로 확대되었다. 이런 사업은 모든 청소년에게 무상으로 시행하

2016

**청년배당, 무상교복, 산후조리비 지원은
성남시에서 해보았고 한국에서 하면 더 좋은 대표적인 사업이다.**

는 게 옳다는 게 내 생각이다.

지방자치 자체를 무력화하려는 중앙정부에 맞서 광화문광장에서 11일 단식농성을 했다. 많은 시민들의 응원과 격려는 지방자치를 살리는 희망밥이 되었다.

한국정신대문제대책협의회와 성남시가 후원한, 호주 시드니에서 열린 평화의 소녀상 제막식에 참석했다. 호주 최초이자 북미 대륙 밖 최초의 소녀상이다.

경북 성주와 김천의 사드반대 촛불집회에 참석하였다. "사드 가고 평화 오라!"고 외쳤다.

10월 29일, '박근혜·최순실 게이트'를 규탄하는 청계광장 집회에서 정치인 최초로 박근혜 대통령 하야를 주장했다.

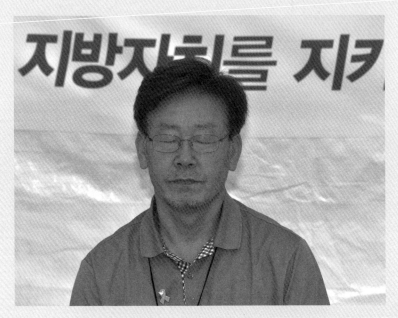

2016

지방자치를 지키기 위해 단식농성을 하던 광화문광장에서.

2016

10월 29일 박근혜 탄핵 집회 첫날, 나는 청계광장 무대에 올라 탄핵을 외쳤다.
정치인 중 첫 번째였다.

성남에서 해보았고 한국에서 하면 더 좋은 것

ㅇ   성남에서 해보았고 한국에서 하면 더 좋은 것은 무엇일까.
시장에 되었을 때부터 내 마음속 목표는 명료했다.

'아기 낳고 싶은 도시'
'학교 보내기 좋은 도시'
'청년 백수도 사람으로 살 수 있는 도시'
'노인이 마음 놓고 살아갈 수 있는 도시'
'헛돈 안 쓰는 도시'

나는 이 기준으로 늘 시정과 문제에 접근했고 하나하나 차근히 풀
어갔다. 사람들이 내 정책을 과격하다고 비판하곤 할 때마다 나는 이

단순한 계획이 왜 그렇게 비치는지 의문이었다. 이건 부모라면 자식에게, 아내에게, 부모님께 마땅히 해드려야 하는 최소한일 뿐이다. 세금을 더 걷어서 하겠다는 것도 아니다. 정치란 성장하는 세대에게는 따뜻한 아버지 어머니 같고, 청년과 장년에게는 벗이 되고, 부모세대에게는 효자 노릇이라고 나는 믿는다. 개별적 효도가 아니라 사회적 효도가 복지이고, 이는 정치의 몫임에 틀림없다.

아기 낳고 싶은 도시를 만들고자 한다면 출산이 축복이어야 한다. 산후조리원은 그렇게 탄생하고 있다. 정권의 까닭 없는 시비와 반대가 아니었다면 공공산후조리원은 진작 꽃을 피웠을 게다. 중앙정부는 왜 지자체가 적극적인 배려와 복지를 하겠다는 걸 막는 것일까. 짐작건대 이유야 단순하다. 출산을 포함한 영유아 성장을 시장에만 맡기겠다는 태도이고, 무엇보다 지자체가 중앙정부보다 쓸 만한 정책을 펴는 걸 못 견뎌 하는 것이다. 아기 낳고 싶은 도시는 출산장려정책이자 영유아정책의 출발이고 여성정책의 씨앗이기도 하다.

학교 보내기 좋은 도시가 되려면 우선 학교를 비롯한 교육환경이 좋아야 하고 교육의 공적 역할이 높은 수준에서 이루어져야 한다. 교복 걱정쯤이야 당연히 없어야 한다. 나는 공장에 다니느라 교복을 입어보지 못했지만 교복 때문에 부끄러워하는 학생들을 보고 있을 수만은 없었다. 그게 무상교복사업을 펼친 까닭이다. 단지 교복뿐이겠는가. 자라나는 성장세대에게 교육과 성장환경을 두루 인간적으로 배려하는 일은 아버지 세대들이 마땅히 수행해야 하는 책무일 뿐이다. 내가 한 일이 대단하다고 하기보다 도리어 그렇게 하지 않는 게 더 대단하다고 하는 게 맞다. 나는 정이나 따뜻함 없이 권위만 있는 어른이고 싶은 마음은 추호도 없다. 내 아들에게 교복을 입혀서 보냈듯 가난한 집 아이들에게도 똑같이 하고 싶을 따름이다.

지금 청년세대들은 '흙수저'니 'N포세대'니 하는 자조와 비관을 이르는 말들로 수식되어 있다. 이는 비극이다. 이들은 내 공장 노동자 시절보다 어쩌면 더 참혹한 세월을 보내고 있는 건 아닐까, 하는 생각이 들 정도다. 꿈이 불가능하다는 건 현실을 날마다 끔찍하게 만든다. 일자리가 없는 청년에게 황홀한 미래를 말하는 건 거짓이다. 일할 데가 없는 청년은 날마다 빈곤이다. 그 빈곤은 다시 내일을 빈곤하게 한다. 성남시 청년배당정책은 여기서 나온 것이다. 적어도 좌절 자체에서 헤어나오지 못하는 일만은 막고 싶었다는 뜻이다. 이를 통해 한국의 기본소득 논의에 불을 놓고자 했던 것도 사실이다. 청년의 파괴는 미래의 파산이다. 청년수당은 단지 돈이 아니라 미래를 이끌어갈 세대들에게 희망을 선물하는 일이다. 이를 통해 사회적 사랑을 받는 세대가 출현한다면 그들이 어찌 조국을 사랑하지 않겠는가. 의무를 말하려면 먼저 사랑하고 배려해야 한다.

맞벌이 가정이라는 말은 육아가 쉽지 않다는 뜻을 내포하고, 제대로 된 효도 또한 마찬가지로 버거울 수밖에 없다. 노인세대에 대한 책임을 개인에게만 떠넘기는 시대는 지났다. 이는 농촌 같은 공동체가 유지되고 있을 때 가능했던 일들이다. 그 시절에는 노인들의 권위도 충분히 좋았다. 그들은 가장 숙련된 농사꾼들이었던 것이다.

효도를 하지 말라는 말이 결코 아니다. 넉넉한 사람들이야 괜찮겠지만 밤낮으로 일을 해도 살림이 풍요롭지 못한 사람들은 효도를 하고 싶어도 시간과 형편이 닿지 않는 경우가 다반사다. 그러므로 사회가 나서서 함께 효도를 하자는 뜻이다.

나이가 들어 일터에서 배제된다는 건 사회에서 배제되고 이윽고 가정에서, 내면적으로는 자기에게서 배제된다는 걸 부인하기 어렵다. 노인자살률 세계 1위라는 건 이를 잘 말해주고 있다. 자존이 무너지면서 삶이 스러지고 있는 것이다. 이분들에게 가장 큰 선물은 '소일거리' '일거리' '삶거리'를 나눌 수 있게 배려하고 행정을 시행하는 것이다. '할 일'은 '이야기할 일'을 창조해낸다. 노인이 마음 놓고 살아갈 수 있는 도시란 이를 뜻한다.

사람은 누구나 태어나고, 학교에 다니면서 성장하고, 청년시절을 보내고, 어른이 되고, 마침내 늙는다. 내가 시장으로서 성남에서 하고 있는 일들을 몇 가지 소개해보았다. 그 기준은 간명하다. 한 생애에 맞춰 프로그램을 기획하고, 시민들과 의논하고, 이를 실행하는 것이다. 요람에서 무덤까지 더 미룰 생각이 내게는 없다. 성남에서 해보았고 한국에서 하면 더 좋은 것의 요체가 여기에 있다.

　나는 국방이나 외교를 빼면 지자체가 할 수 있는 영역과 역할이 중앙정부와 아주 다르다고 생각하지 않았다. 작다고 해서 꿈이 다를 게 없고 작다고 해서 새로운 가치와 사업에 도전 못 할 이유는 없다. 작아서 더 구체적이고 생생하게 일을 해볼 수 있고 효과도 뚜렷하게 성취할 수 있는 이점도 있다. 나는 그걸 믿고 새 걸음을 내딛는 데 마다하지 않았다.

　성남에서 해보았고 한국에서 하면 더 좋은 것은 기화요초琪花瑤草 같은 게 아니다. 어느 한 가지도 구체성이나 생활을 떠난 게 없다. 정치의 위치는 곧 인간의 위치여야 한다. 정치 생활이 정치가의 독점물이라면 생활 정치는 만인의 것이다. 성남에서 해본 걸 한국에 적용해보고자 하는 까닭이 이것이다. 더욱더 만인의 것이게 하기 위하여.

굽은 팔을 펴기 위하여

'굽은 팔' 이야기를 여기서 마무리 짓는다.

이 책은 나의 이야기다.

오늘 나를 있게 한 씨앗이라 할 수 있는 성장기를 처음 기록했고, 내가 해온 공부를 또한 기록했다. 공부하는 동안 나는 철저히 학생이었다. 토론 끝에는 공부일기를 덧붙였다. 학생이라면 마땅히 해야 하는 일이다.

여사여사한 정치인의 후일담 따위를 내고 싶진 않았다. 성남시장으로 해온 일들을 굳이 짧게 정리해서 넣은 것도 이 때문이다. 그저 이재명이라는 한 사람의 생과 생각을 편히 들여다보고 또 이야기 나눌 수 있기를 바랐을 뿐이다.

나는 여러 차례에 걸쳐 내가 살아온 길을 구술했고 이를 서해성 작가가 다듬어주었다. 그는 신통찮은 내 성장기와 청춘시절을 인내심을 가지고 들어주었다. 내 생애에 관한 기록 중 사실과 어긋나는 게 혹시라도 있다면 그건 오직 내 기억의 오차에서 오는 것일 뿐 달리 어떤 의도가 없다는 점을 밝혀둔다.

이 책을 내는 뜻을 한마디로 말하자면 그건 '굽은 팔'을 펴기 위한 새로운 도전을 향한 약속이다. '나의 굽은 팔'만이 아니라 '세상의 굽은 팔'을 펴기 위해서 말이다.

그 '굽은 팔'을 펴기 위하여, 성장기 동안 내내 나의 견딜 수 없는 부끄러움이던 굽은 팔을 이렇게 내보인다.

등불을 향해 날아가던 호세 리살의 나방이 내 굽은 팔에서 다시 꿈틀거린다.

이재명

이재명의 삶을 기록해달라는 청에 내가 응한 까닭은 간명하다.

그의 성장기와 살아온 내력이 내 가슴을 악기 삼아 울렸기 때문이다. 인간보다 정확한 노선은 없다.

서해성

이
재
명
의
굽
은
팔